eMPOWER

Catalogage avant publication de Bibliothèque et Archives nationales du Québec et Bibliothèque et Archives Canada

Fontaine, Isabelle, 1973 13 janv.-

Empower : stratégies pour maximiser votre intelligence émotionnelle par le pouvoir et l'énergie des émotions

Comprend des réf. bibliogr.

ISBN 978-2-89225-723-6

1. Intelligence émotionnelle. 2. Émotions. 3. Psychologie énergétique. 4. Communication I. Titre.

BF576.F66 2010 152.4 C2010-941602-3

Adresse municipale :
Les éditions Un monde différent
3905, rue Isabelle, bureau 101
Brossard (Québec) Canada
J4Y 2R2
Tél. : 450 656-2660 ou 1 800 443-2582
Téléc. : 450 659-9328
Site Internet : www.umd.ca
Courriel : info@umd.ca

Adresse postale :
Les éditions Un monde différent
C.P. 51546
Succ. Galeries Taschereau
Greenfield Park (Québec)
J4V 3N8

Dépôts légaux : 3e trimestre 2010
Bibliothèque nationale du Québec
Bibliothèque nationale du Canada
Bibliothèque nationale de France

Conception graphique de la couverture :
OLIVIER LASSER et AMÉLIE BARRETTE

Illustration de la couverture et de l'intérieur du livre :
SÉBASTIEN GAGNON

Photocomposition et mise en pages :
ANDRÉA JOSEPH [pagexpress@videotron.ca]

Typographie : Minion 12 sur 15 pts

ISBN 978-2-89225-723-6

Nous reconnaissons l'aide financière du gouvernement du Canada par l'entremise du Programme d'aide au développement de l'industrie de l'édition pour nos activités d'édition (PADIÉ).

Gouvernement du Québec – Programme de crédit d'impôt pour l'édition de livres – Gestion SODEC.

Gouvernement du Québec – Programme d'aide à l'édition de la SODEC.

IMPRIMÉ AU CANADA

Isabelle Fontaine

EMPOWER

Stratégies pour maximiser
votre intelligence émotionnelle
par le pouvoir et l'énergie des émotions

UN MONDE DIFFÉRENT

D'abord, je dédie ce livre à Séréna et Romane, les plus belles petites muses de l'univers, dont la joie de vivre rayonne à des lieues à la ronde et dont l'affection et les fous rires font vibrer tous les cœurs.

Je le dédie aussi à Martin, l'homme de ma vie. Depuis 18 ans, par son amour, sa solidité et son soutien inconditionnel, il s'avère l'allié incontestable de ma vie.

Enfin, je le dédie à tous les individus habités par la passion de l'humain et qui se sont engagés à être des forces au service du bien en prenant soin de la vie sous toutes ses formes.

TABLE DES MATIÈRES

REMERCIEMENTS

D'abord, sachez que les mots ne suffisent pas à transmettre l'étendue de la gratitude que je ressens envers mon amoureux Martin, sans qui ce manuscrit n'aurait jamais vu le jour. Il s'est sans cesse porté volontaire pour prendre soin de notre famille pendant mes périodes d'isolement et de rédaction. Je lui suis extrêmement reconnaissante de son soutien et sa présence dans ma vie.

Merci à Séréna et Romane, mes petites poupées, qui ont dû partager plus souvent qu'à leur tour leur maman pendant la rédaction de cet ouvrage. J'espère qu'en contrepartie, la vie leur rendra au centuple leur sacrifice et les comblera de bonheur.

Je témoigne aussi une reconnaissance sans borne à mes parents, Alain et Louise Fontaine, qui ont constamment soutenu mes divers projets de développement et qui ont su m'inculquer, dès mon plus jeune âge, cette curiosité insatiable qui rend ma vie si passionnante. Leurs regards pleins de confiance m'ont convaincue que tout était possible dans la vie. Je leur dois beaucoup.

Mille mercis à Julie Lemaire, mon indéfectible complice. Non seulement sa perspicacité et la pertinence de ses commentaires ont donné plus d'un souffle à ce projet d'écriture, mais la qualité de son soutien a su insuffler de l'énergie nouvelle même aux étapes les plus éreintantes.

Merci à deux de mes bons amis et collègues de l'UQÀM, Jasmin Bergeron et Patrick Gauthier, pour avoir accepté de faire une prélecture de mon manuscrit. L'intelligence de leurs remarques et l'enthousiasme qu'ils ont manifesté pour cet ouvrage m'ont beaucoup encouragée, éclairée et inspirée.

Je suis très reconnaissante à tous les enseignants et formateurs qui, depuis toutes ces années, m'ont inspirée certaines distinctions que j'ai expliquées dans ce livre. Je pense plus particulièrement à Solange Cormier, ma mentore et amie, celle qui a suggéré ma candidature pour enseigner à l'UQÀM, expérience qui m'a ensuite ouvert les portes sur ma mission professionnelle. Jamais je n'oublierai sa contribution dans ma vie.

Merci du fond du cœur à toute mon équipe du Bureau de Conférenciers Orizon, particulièrement Sonia Mercure, David Larose et Éric Galipeau. Ils sont mes solides alliés et les promoteurs du message que j'ai tenté d'illustrer dans ce livre.

Je suis remplie d'appréciation lorsque je pense à plusieurs de mes clients ainsi qu'à mes anciens étudiants de l'UQÀM et de l'École Polytechnique qui sont des sources d'inspiration et m'ont fourni des études de cas afin d'étayer ma réflexion sur le phénomène humain et ses possibilités. Le fait de côtoyer ces gens a grandement enrichi ma vie et ma compréhension de l'humain.

Lorsque Michel Ferron, mon éditeur, m'a contactée pour me proposer d'éditer mon projet de livre, ce fut le réel coup d'envoi. J'ai cessé de *procrastiner* et nous avons choisi une date de tombée. Grâce à lui, mon message est maintenant concrétisé dans cet ouvrage et je lui en suis infiniment reconnaissante. Aussi, je suis remplie de gratitude envers Lise Labbé pour son apport considérable à mon manuscrit. Elle a su rehausser la qualité du français écrit avec une grande générosité de cœur et un profond respect pour mon « bébé » ; je lui dois beaucoup. Un grand merci des plus sincères à toute l'équipe des éditions Un monde différent.

Enfin, merci pour tous les courriels reçus durant la dernière année où l'on me demandait si mon livre allait bientôt être publié. Votre intérêt quant à cet ouvrage a été une source d'inspiration et d'énergie pour l'écrire.

PRÉFACE

Pourquoi avoir intitulé ce livre *EMPOWER* ?

La définition du verbe anglais *EMPOWER* est « d'amener quelqu'un à prendre soi-même le contrôle, de lui faire découvrir son pouvoir, tout en s'assurant qu'il bénéficie de toutes les qualités et les habiletés nécessaires ». Dans *EMPOWER*, les lettres *EM* font référence au début du mot « émotion » comme dans *emotional power* (puissance émotionnelle), et le mot émotion lui-même est dérivé du terme anglais *e-motion* qui se reporte à *energy in motion* (l'énergie en motion, en mouvement). Enfin, il se termine par *POWER*, qui pour nous francophones, est associé aux interrupteurs qui activent à la fois les appareils électriques et électroniques, nous connectant à une source d'énergie.

Dans cette optique, aucun mot ne pouvait mieux convenir et résumer aussi bien mon intention en écrivant ce livre puisqu'il traite du pouvoir des émotions.

Comment pouvons-nous, consciemment et à volonté, nous brancher sur les sources d'énergie que sont la passion, la sérénité, la détermination, le courage ou encore la gratitude?

Par des astuces et des stratégies axées sur l'intelligence émotionnelle, qui visent à nous donner le pouvoir d'activer en nous l'énergie émotionnelle de notre choix, celle qui soutiendra autant notre **performance que notre qualité de vie.**

La naissance de cet ouvrage

À la fin de mes conférences, immanquablement depuis 2008, des participants désireux d'en apprendre davantage sur ces relations que je démontre entre l'intelligence émotionnelle, la capacité d'influence, la psychologie et la communication, me demandaient mes suggestions de livres et de formations. Chaque fois, j'étais embêtée de leur recommander un seul ouvrage parmi la multitude de livres que j'ai pu lire depuis 15 ans. Bien entendu, j'aurais pu leur en conseiller plusieurs ainsi que des formations pertinentes, mais aucun livre ne pouvait résumer complètement mon approche et surtout mes influences.

C'est ainsi que le désir d'écrire ce livre est né. Je voulais rassembler en un seul document l'amalgame des découvertes, des études, des distinctions et des principes qui m'ont le plus fascinée au cours des dernières années. Étant en constante recherche, je vous promets que d'autres ouvrages viendront compléter cette première partie.

Les auteurs qui m'ont profondément influencée

Bien que plusieurs chercheurs très perspicaces aient contribué à améliorer notre compréhension de l'être humain, certains d'entre eux m'ont particulièrement influencée. Je n'hésite d'ailleurs pas à les citer souvent puisque leurs observations constituent, littéralement, de pures délices pour l'esprit.

D'emblée, j'ai été profondément captivée par les travaux de **Daniel Goleman**, sommité en intelligence émotionnelle. Docteur en psychologie, il a enseigné à Harvard et a été journaliste scientifique pour le *New York Times* pendant plusieurs années. Il a écrit de nombreux livres, dont *L'Intelligence émotionnelle. L'Intelligence émotionnelle-2, Cultiver l'intelligence relationnelle, Surmonter les émotions destructrices* et *Primal Leadership.*

J'ai aussi eu un coup de cœur intellectuel en découvrant les livres du psychiatre **David Servan-Schreiber**, fondateur du Centre de Médecine Complémentaire de l'hôpital de Shadyside de l'Université de Pittsburgh, qui s'est consacré à la recherche fondamentale en neurosciences cognitives et en neurobiologie des émotions. Selon moi, deux de ses livres : *Guérir* et *Anticancer* sont incontournables. Il réussit avec une fluidité surprenante à y vulgariser les principes scientifiques les plus complexes.

Enfin, ceux qui s'intéressent à la compréhension de l'humain doivent beaucoup aux pères du mouvement de la psychologie positive, Martin Seligman et Mihaly Csikszentmihalyi, dont les recherches sur les traits et les comportements distinctifs des gens heureux et performants, ont su créer l'enthousiasme dans le milieu universitaire, et entraîner des centaines de chercheurs dans leurs sillons.

Martin Seligman, éminent professeur de l'Université de Pennsylvanie, est un chercheur et un auteur prolifique. Entre autres, il est le coauteur de *Character Strengths and Virtues*. L'ouvrage se veut la contrepartie « positive » du DSM-IV, *Manuel diagnostique et statistique des troubles mentaux*, où on fait l'inventaire des forces de caractère et des vertus positives chez les êtres humains. Je vous invite à en découvrir plus en visitant ses deux sites Internet : www.positivepsychology.org et www.authentichappiness.sas.upenn.edu/Default.aspx

Quant à **Mihaly Csikszentmihalyi**, professeur en poste à l'Université de Claremont en Californie, il a travaillé sur le bonheur, la créativité et le bien-être subjectif, mais il est surtout connu comme l'architecte de la notion de ***flow*** (l'expérience optimale à laquelle accèdent les gens heureux) qu'il décrit dans son livre *Vivre: La psychologie du bonheur*.

En somme, j'ai une profonde admiration pour ces chercheurs qui sont non seulement d'habiles communicateurs, mais aussi des humains pleins de générosité qui œuvrent à démocratiser l'information afin de soutenir la vie et d'outiller les gens en vue du bonheur.

Si vous êtes des lecteurs aguerris de ce type de livres, vous en saurez davantage en consultant la bibliographie à la fin de cet ouvrage. De plus, je vous invite à vous inscrire à mon infolettre où, mensuellement, je fais des suggestions de livres qui m'ont vraiment intéressée.

De tout cœur, je souhaite que ces distinctions vous soient utiles et j'espère vous transmettre un peu de ma passion pour la vie qui regorge de possibilités.

INTRODUCTION

Le bon loup et le mauvais loup : deux niveaux de conscience

Pour introduire mon propos, je vous présente un récit symbolique dont la morale s'applique aux stratégies d'intelligence émotionnelle proposées dans ce livre. Avez-vous déjà entendu cette fable amérindienne ?

C'est l'histoire d'un petit garçon qui accourt vers son grand-père – un homme plein de sérénité et de sagesse, à ses yeux – pour lui expliquer sa frustration et son malheur.

Dévoré par la colère et porté par l'intensité de ses émotions, le jeune garçon raconte à son grand-père l'injustice dont il a été victime. Ce dernier le surprend en lui disant :

« Il m'arrive à moi aussi d'être submergé par le chagrin, la colère et de ressentir de la haine contre ceux qui se conduisent mal et qui n'éprouvent aucun regret ! »

À cet instant, le jeune garçon reste bouche bée, étonné d'apprendre que son grand-père lui-même puisse éprouver de telles émotions. Aussi l'écoute-t-il avec attention :

« Sache toutefois, mon petit, que la haine t'épuise et ne blesse pas ton ennemi. C'est comme si tu avalais du poison en espérant que ce soit l'autre qui en meure. J'ai souvent combattu ces sentiments à l'intérieur de moi.

« Comme chaque être humain, j'ai aussi deux loups qui hurlent en moi. Le premier est rempli de colère, de peur, d'avidité, de rancune et de vengeance. Le second l'est d'amour, de confiance, de sagesse, de compréhension et de compassion. Il est parfois si difficile de vivre avec ces deux loups présents dans ma conscience, car ils se livrent un combat sans merci pour savoir lequel réussira à dominer mon esprit ! »

Inquiet et fasciné, le jeune garçon demande : « Oui, mais grand-papa, lequel de tes deux loups va gagner ? »

Le grand-père sourit et répond doucement : « Celui que je choisis de nourrir, mon chéri. »

Un mauvais loup est bel et bien présent à l'état latent à l'intérieur de chacun de nous. Ce dernier abaisse notre niveau de conscience, affecte négativement à la fois notre performance, notre qualité de vie et nos relations avec nos proches. Selon nos propres *patterns* (schémas) négatifs, il peut se manifester en nous sous la forme de l'anxiété, de la colère, du désintérêt, de l'avidité, de l'impuissance, de la déprime, etc. Il ne sert à rien de nier sa présence ni de vouloir le tuer, car comme le dit le dicton : « *Ce à quoi on résiste persiste.* »

C'est comme si je vous demandais de ne pas penser à un éléphant bleu. Résistez et ne pensez surtout pas à l'éléphant bleu ! Vous y arrivez ? Ce n'est pas évident, n'est-ce pas ? En fait, ce serait plus facile si je vous demandais d'imaginer un singe rose, car immédiatement il remplace l'éléphant bleu dans votre esprit... détournant votre attention. Il en est de même de nos émotions dominantes. Au sens métaphorique, disons que nous pouvons faire en sorte que le singe rose prenne plus de place. Car oui il existe des astuces visant à élever notre niveau de conscience, à nourrir le bon loup en soi, à le muscler. Puissant et entraîné, il gagnera ses batailles lorsque la vie le mettra à l'épreuve. Alors que le mauvais loup, n'ayant pas été nourri, sera davantage faible et affamé.

Vous avez sûrement entendu l'adage suivant : « Un cerveau qui n'est pas occupé a tendance à devenir préoccupé » ? Si on considère que le négatif pèse plus lourd dans la balance de nos pensées que le positif, on comprend que les gens ont tendance à se souvenir plus longtemps d'une insulte que d'un compliment, à se rappeler davantage un vol qu'un cadeau. Nous verrons donc comment contrer les effets du « biais négatif » de notre esprit qui explique qu'en l'absence de stimulations précises, le sort d'un esprit inoccupé est d'être victime de l'appel du mauvais loup.

Muscler le bon loup

Ce livre vous offrira de multiples stratégies pour, délibérément et consciemment, nourrir et muscler le bon loup en vous-même, et ce, en entraînant votre cerveau au bonheur et au succès.

Donc, la première partie du livre se veut plus conceptuelle, car elle explique le fonctionnement du cerveau et du métabolisme du corps en tant que générateurs d'émotions. Puis, dans la deuxième partie, on retrouve des trucs et astuces simples et accessibles pour permettre de mieux saisir :

- Comment nous pouvons, biochimiquement, entraîner notre cerveau à relâcher les hormones du bonheur comme l'endorphine, la sérotonine et la dopamine ?
- Quels aliments sont des vitamines pour notre cerveau émotionnel ?
- Comment nous pouvons créer de l'énergie dans notre corps en moins de deux minutes ?
- Comment maximiser le pouvoir de la musique en créant des trames sonores pour notre vie ?
- Comment exploiter le pouvoir de certains films pour nous permettre de muscler les circuits de nos nouvelles émotions positives ?
- Comment induire des états de transe où notre esprit se transforme en état de conscience altérée ?
- Comment entraîner notre cœur à entrer en cohérence cardiaque par des exercices de *biofeedback* (rétroaction biologique) ?
- Comment activer en soi une émotion antidote contre la négativité et les draineurs d'énergie ?
- Comment augmenter notre charisme et notre capacité d'influence ?

CHAPITRE 1

La science de la psychologie positive

« Celui qui en sait beaucoup sur les autres est peut-être instruit, mais celui qui se comprend lui-même est le plus intelligent. Celui qui dirige les autres est peut-être puissant, mais celui qui s'est maîtrisé lui-même a encore plus de pouvoir. »

– Lao-tseu, *Tao-tö king*

Depuis son origine comme discipline, la psychologie s'est toujours intéressée aux pathologies, à ce qui fonctionne mal chez les individus. Dès le début des années 2000, des pionniers du mouvement de la psychologie positive, les Drs Martin Seligman et Mihaly Csikszentmihalyi, entre autres, ont dirigé leur attention et leurs recherches sur les traits intérieurs, les processus psychologiques et les comportements de gens exceptionnels qui se surpassent dans la vie et qui savent rebondir après les difficultés et surmonter les épreuves. Ils ont donc observé chez eux les manifestations de la satisfaction, de l'amour, de la curiosité, de l'espoir et de la gratitude afin de découvrir, sur le plan empirique, quels étaient les ingrédients du succès, du bonheur et de la liberté intérieure.

Tout en s'éloignant de la psychovulgarisation naïve et réductrice, plus communément appelée la psychologie populaire, les chercheurs universitaires qui se consacrent à la psychologie positive demeurent sceptiques devant les généralisations trop faciles. Ils conservent le souci de mesure et s'efforcent d'accumuler les preuves empiriques et valides scientifiquement afin de découvrir les comportements qui nous font sentir vivants, compétents, créatifs et qui font fleurir le meilleur en nous.

Qu'est-ce qui fait la différence ?

Fondamentalement, qu'est-ce qui fait la différence dans la vie des gens ? Pourquoi certaines personnes ayant vécu dans des familles aisées, éduquées et aimantes se retrouvent-elles malheureuses et dysfonctionnelles, cumulant échec par-dessus échec ? Des gens qui, au départ, auraient reçu le meilleur de la vie, mais qui ont fait le choix de consommer de l'alcool, de se droguer pour trop souvent terminer en réhabilitation aux crochets de la société.

D'un autre côté, qu'est-ce qui explique que des individus ayant été abusés (physiquement, sexuellement, psychologiquement) dans leur enfance, deviennent pourtant des êtres humains solides, empathiques et généreux ? Des gens qui, à la naissance, ont reçu le prix citron de la loterie de la vie, mais qui sont capables de résilience, de créer les conditions du bonheur autour d'eux, de contribuer au bien des autres et de faire une différence dans ce monde ?

Une psychologie extraordinaire, être « émotionnellement en forme »

En fait, la réponse se trouve dans la psychologie de l'individu. Pour avoir une vie extraordinaire, ça prend une psychologie extraordinaire, nous le savons. Il nous faut être émotionnellement « en forme » pour améliorer notre jeu sur le terrain de la vie. Si nous ne savons pas gérer nos émotions, notre route sur la terre peut s'avérer longue et hasardeuse. Mais comment y parvenir, car il nous arrive de bloquer au cœur des tempêtes, n'est-ce pas ?

La tyrannie de l'attitude positive

Une distinction s'impose avant d'approfondir la méthodologie du bonheur et du succès. Nous ne pouvons pas être heureux tout le temps ni ne ressentir que des émotions agréables, car même les émotions dites négatives ont leur utilité dans la vie. Une saine colère est justifiée si l'on bafoue nos droits injustement. La tristesse d'un deuil doit être vécue et traversée pendant un certain temps ou encore une période dépressive peut ralentir nos activités. Ces deux étapes nous permettent cependant de prendre conscience de ce qui compte le plus dans notre vie, et ainsi projeter un nouveau départ, par exemple.

En ce sens, s'il est grandement souhaitable de s'entraîner au bonheur, il faut se méfier du « **devoir d'être joyeux** », vécu en tant qu'obligation. Au sein d'un groupe qui doit toujours tout positiver, une personne peut se sentir coupable de ne pas être heureuse et être tentée de nier sa douleur. Si elle l'ignore en se mentant à elle-même, elle s'empêche aussi de creuser et de découvrir la source de son malaise.

N'est-ce pas que certaines fois, il faut accepter de toucher le fond pour se donner l'élan nécessaire qui nous permettra de rebondir ? Une mère qui impose la pensée positive à son fils en mal de vivre, néglige la souffrance de son enfant. Et cette **injonction de bonheur** risque d'empirer sa détresse en empêchant le processus de guérison, car souvent, ce qui fait du bien au cœur et nous permet d'aller mieux, c'est précisément la prise de conscience de ce qui fait mal.

Ensuite, la procédure de rétablissement implique la possibilité de faire des distinctions dans notre confusion intérieure, de pouvoir nommer la souffrance en déterminant ce qui se produit en nous et ainsi d'acquérir le recul nécessaire par rapport au malaise initial.

Enfin, si on a la chance de raconter son expérience intérieure douloureuse à une personne attentive, sincère et intéressée, bref à un humain capable d'écoute empathique, c'est souvent le processus magique qui nous aide à aller mieux. Mais encore faut-il avant toute chose reconnaître et accepter la présence du malaise.

Iceberg de la réussite

CHAPITRE 2

Le quotient émotionnel : fondation de la réussite

« L'intelligence émotionnelle ne s'ajoute pas aux capacités intellectuelles, mais elle les multiplie : elle constitue le facteur invisible, mais déterminant, de la performance d'exception. »

– Goleman

C'est dans cette foulée de curiosité pour la psychologie de la performance, du succès et du bonheur, que Daniel Goleman publia son premier livre : *L'Intelligence émotionnelle.* Il connut aussitôt un vif succès international littéraire. Ses recherches confirmaient que dans la vie, notre réussite est davantage fondée sur notre habileté à gérer nos émotions (et celles des autres) que sur notre capacité intellectuelle, tout en ajoutant qu'un manque de succès est plus souvent le résultat d'une mauvaise gestion de nos états émotionnels.

Plusieurs études universitaires l'ont maintenant prouvé, ce n'est pas le QI, le **quotient « intellectuel »** d'un individu, qui assure sa réussite dans la vie, mais plutôt son QE, son **quotient « émotionnel »**. Les chercheurs affirment que 80 % du succès d'une personne repose sur des aptitudes liées à l'intelligence émotionnelle, soit l'aptitude à prendre conscience de nos propres émotions, de pouvoir percevoir et déchiffrer celles des autres, de comprendre le déroulement d'une émotion afin d'en maîtriser l'énergie, et même parfois, si nous avons du leadership, en arriver à influencer les émotions de notre entourage afin de créer en eux des états émotionnels prédéterminés.

Pour appuyer ses dires, Goleman cite même une conclusion de Gardner[1], l'éminent chercheur de Harvard à l'origine des 7 catégories d'intelligence, qui dit : « Beaucoup de **gens ayant un QI de 160 travaillent pour d'autres dont le QI ne dépasse pas 100**, les premiers possédant une intelligence interpersonnelle bien plus faible que celle des seconds. Or, dans la vie quotidienne, aucune forme d'intelligence n'est plus importante que celle-là. Si vous ne la possédez pas, vous choisirez mal votre conjoint, votre métier, etc.[2] »

Il est pertinent de savoir que la génétique a également son mot à dire dans le quotient émotionnel d'une personne, car dès la naissance, les différents tempéraments sont répartis inégalement et nous n'avons pas tous le même degré d'intelligence émotionnelle. Certains sont nés avec la fibre du bonheur, d'autres avec une capacité surhumaine de rebondir face à l'adversité, de donner un sens à leur existence. Malheureusement, certaines personnes sont nées sans ces facultés innées. Certaines ont hérité d'une tendance à la mélancolie, à la colère, au sentiment d'impuissance sur leur vie.

De l'extérieur, Marilyn Monroe (Norma Jean Baker) disposait de tout pour être heureuse, tout comme Elvis Presley et Ernest Hemingway. Mais ils se sont tous apparemment suicidés, ne sachant pas comment gérer leurs états émotionnels afin d'avoir une vie pleine de sens et d'être aptes à « ressentir et apprécier » leur talent et leur chance. Ainsi, on remarque que les émotions peuvent enrichir notre vie ou nous détruire. En fait, nous ne maîtrisons pas tous

---

1. Howard Gardner, psychologue de Harvard et auteur du livre de référence *Frames of Mind. The Theory of Multiple Intelligences*, est le chercheur qui a développé, en 1983, la typographie des sept catégories d'intelligence : l'agilité verbale et logico-mathématique, la maîtrise de l'espace, le génie kinesthésique et le talent musical. Gardner complète la liste avec les intelligences personnelles, liées à la compréhension de la personne humaine, dont les talents interpersonnels et la capacité intrapsychique. (Daniel Goleman, *L'Intelligence émotionnelle*, tome 1, Paris, J'ai lu, 2003, p. 64).
2. *Ibidem*, p. 69.

également la technologie du bonheur, mais voici la bonne nouvelle : les dés ne sont pas lancés une fois pour toutes !

Heureusement, l'état des connaissances sur le fonctionnement de l'être humain est tel qu'une multitude de ressources et de stratégies existe à notre portée pour nous aider à mieux maîtriser nos émotions dans le but d'être plus heureux, plus épanouis, plus efficaces, plus habiles à influencer positivement notre environnement. Nous pouvons donc muscler en nous-mêmes la fibre du bonheur.

Il est aussi fascinant de constater que, paradoxalement, les gens qui manquent cruellement de quotient émotionnel, ceux qui auraient avantage à développer et pratiquer les astuces pour maximiser leur intelligence émotionnelle, sont ceux qui croient en avoir le moins besoin !

Champs de recherche

Les **technologies de l'esprit** se développent à une vitesse fascinante tant dans le secteur privé que dans le milieu universitaire. Avez-vous déjà entendu parler de :

- la psychologie de la performance ?
- la psychologie sportive ?
- la psychologie du leadership ?
- la neuro-sémantique ?
- la programmation neurolinguistique ?
- l'intelligence émotionnelle ?
- l'intelligence sociale ?
- la transformation des niveaux de conscience ?
- la thérapie d'impact ?
- la méditation analysée en laboratoire sous l'angle du fonctionnement du cerveau ?
- l'approche systémique de l'École de Palo Alto ?
- et sa thérapie brève ?

Ou encore des :

- neurosciences affectives ?
- techniques de rétroaction biologique (comme la cohérence cardiaque) ?
- approches narratives en médiation et en thérapie ?
- techniques d'induction pour développer le charisme ?

Comme vous le lisez, une multitude d'outils s'offrent à nous pour améliorer notre sentiment de satisfaction et de maîtrise de notre vie. C'est précisément le sujet de ce livre.

80 % de psychologie, 20 % d'opérationnel

« Le succès n'a pas à être poursuivi, il doit être attiré par la personne que vous devenez. »

– Richard Carlson

Développer une solide psychologie et être en mesure de maîtriser ses émotions, c'est le nerf de la guerre si on veut performer, être heureux et en santé. Les plus grands *coachs* nous confirment d'ailleurs qu'ils n'investissent que très peu de temps avec leurs clients à raffiner leurs habiletés techniques ou leurs compétences tactiques. Où concentrent-ils leur attention avec leurs clients ? Ils les munissent de stratégies psychologiques et émotionnelles afin qu'ils puissent donner toute l'énergie qu'ils ont dans le ventre en vue de déployer leur habileté technique avec une puissance qui se démarque.

Seriez-vous alors d'accord avec l'affirmation suivante : « Le succès repose avant tout sur **80 % de psychologie** et sur **20 % de mécanique,** voire de technique. » La plupart des gens ont suffisamment de connaissances opérationnelles pour accomplir leur travail, sauf qu'il y en a qui performent et d'autres qui survivent.

Pour illustrer ce principe, prenons l'exemple de ces agents d'immeubles. Tous ont réussi leur formation et possèdent leur licence de compétences techniques. Ils savent tous comment inscrire une maison sur le réseau MLS, ils savent faire sa mise en marché dans les journaux locaux, prendre rendez-vous pour les visites et expliquer les atouts de la maison en question. Mais pourquoi certains agents font-ils 20 000 $ alors que d'autres gagnent plus de 2 millions par année de revenus ?

Il en est de même de ces gestionnaires qui ont une connaissance opérationnelle suffisante pour orchestrer leur service. Vous êtes-vous déjà demandé pourquoi certains d'entre eux ont-ils un taux de roulement de personnel presque nul dans leur équipe, pourquoi leurs employés sont-ils heureux d'être au bureau ? C'est qu'ils savent toucher le cœur des membres de leur équipe en créant de l'enthousiasme parmi eux.

De même, bien qu'il y ait plusieurs athlètes professionnels, très peu sont des vainqueurs olympiques ! Donc, ce qui explique cela, c'est la performance d'exception, cette capacité de maîtriser leur énergie émotionnelle et mentale.

La performance : avoir accès au meilleur de soi

Et attention, je ne parle pas ici de « **performance** » attestée par des chiffres ou des ratios, mais d'être au **mieux de sa forme émotionnelle, de dépasser sa propre moyenne**. Comment être un patron plus courageux, plus inspirant ? Comment être une mère plus encourageante, plus patiente ? Comment offrir un meilleur soutien à un ami en difficulté ? Comment faire la différence par notre seule présence dans une équipe ? D'ailleurs, nos amis anglophones ont une expression qui résume bien cette qualité de présence lorsqu'ils disent : « *Doing less by being more* ». Alors, comment « être davantage » et offrir un meilleur rendement tout en forçant moins ?

Préoccupée par ce questionnement, j'ai demandé à mes clients quelles pourraient être les **barrières à leur performance,** en tant qu'êtres humains ? Qu'est-ce qui les empêche d'avoir accès au meilleur d'eux-mêmes ? Ils ont répondu : de la fatigue, un faible niveau d'énergie, de la timidité, de l'impatience, une attitude négative, l'irritabilité, le désespoir, une attitude trop critique envers les autres, une faible tolérance au stress, l'inflexibilité, un manque d'esprit d'équipe, l'incapacité de cibler, de se concentrer, l'indécision, l'anxiété, un manque de passion, une faible confiance en soi, un manque d'empathie, de sens relationnel ou de persévérance, etc.

Ces réponses m'ont permis de constater que la majorité des barrières à la performance étaient liées au quotient émotionnel. On sait que ce facteur doit être solide pour aider à se motiver, à persévérer devant l'adversité, à montrer une conviction qui entraîne l'adhésion et un enthousiasme contagieux, à ressentir intuitivement les gens et à lire les jeux de pouvoir en entreprise afin d'influencer le changement vers le plus grand bien. Le quotient émotionnel, c'est la clé de la réussite ; alors travaillons là-dessus.

Et vous ?

Quelles sont les barrières auxquelles vous faites face le plus souvent ? Qu'est-ce qui se trouve sur votre chemin et vous empêche d'être « à votre meilleur » ? Il est important de connaître le mal que l'on combat.

CHAPITRE 3

L'énergie : principal ingrédient de la performance

Vous est-il déjà arrivé d'accomplir une importante quantité de travail dans un court laps de temps, d'être en feu, efficace et inspiré ? Bref, d'être « dedans » ? Ou encore, avez-vous déjà vécu des moments où vous vous trompiez complètement, où vous cherchiez vos mots, où vous avez dépensé un temps fou sur un projet sans pour autant être productif ? Qu'est-ce qui explique cette différence ? Ce n'est certainement pas votre niveau de scolarité qui a changé ni vos années d'ancienneté…

Ce qui l'explique, c'est probablement **votre niveau d'énergie personnelle** disponible ce jour-là ! Car si le nombre d'heures dans une journée est fixé à 24, la qualité et la quantité de notre énergie ne sont pas des données fixes pour autant.

Qu'il s'agisse d'une décision importante à prendre, d'une réunion à animer, d'un enfant qui pleure à réconforter, de sorties avec des amis la fin de semaine ou de conditionnement physique, **tout ce qu'on fait requiert de l'énergie.** Rien ne se passe sans cet ingrédient de base. Et chaque pensée, chaque émotion, chaque comportement que nous adoptons a une répercussion sur notre niveau de vitalité, pour le meilleur ou pour le pire. Notre performance comme être humain, notre état de santé et notre niveau de bonheur sont étroitement liés à une **habile gestion de notre énergie.** Alors, comment pouvons-nous en contrôler le niveau ?

L'émotion, une énergie en mouvement

Comme je l'ai indiqué précédemment, le mot *e-motion* veut dire, littéralement, ***energy in motion*** ou « énergie en mouvement ». Il vient d'un verbe latin qui veut aussi dire « se mouvoir ». L'amour, la passion, la peur et la colère nous font bouger. On dit de l'émotion que c'est l'expérience d'une énergie circulant dans le corps et qu'il est impossible de dissocier l'énergie de l'émotion, car les deux sont interreliées. Il faut savoir qu'une émotion, c'est comme un orage avec un début, une impulsion, un « momentum » et une fin ; bien que trop souvent, sous le coup de l'émotion, nous ayons tendance à croire qu'elle va durer éternellement.

À ce titre, nous verrons que certaines **émotions sont génératrices d'énergie**. Elles peuvent nous permettre d'accomplir plus de travail plus rapidement, nous laissant davantage de temps libre. D'autres **drainent notre capital énergétique** et nous affaiblissent. Il importe donc de pouvoir choisir nos émotions, car si, en entrevue de sélection, nous accédons à un état émotionnel de détermination et de confiance en soi, l'énergie qui s'en dégagera soutiendra notre performance et l'impact sur le recruteur ou le chasseur de têtes.

Choisir l'émotion appropriée

Tout d'abord, face à différentes situations, nous devons distinguer **l'état émotionnel le plus approprié** pour maximiser notre performance, car si l'enthousiasme est une émotion agréable et porteuse d'énergie, il n'est pas pertinent en toutes circonstances.

Certains individus souffrent de « surdité émotionnelle », comme s'ils n'entendaient pas la musique que tout le monde écoute et, par conséquent, ne savaient pas s'adapter au rythme émotionnel des autres. Avez-vous déjà vu des gens multiplier les gaffes relationnelles et créer un malaise palpable dans un groupe sans même s'en rendre compte ? Avez-vous déjà observé une personne trop positive qui essaie de consoler sa voisine en pleurs (car son mari vient de la quitter) en lui chantonnant, la voix pleine d'entrain : « Un de perdu, dix de retrouvés », pour tenter de lui redonner du moral au cœur de l'épreuve ? Ou un autre qui essaie de faire son drôle avec une blague totalement déplacée dans le contexte ? Ces individus n'entendent tellement pas la musique qu'ils sonnent faux. Il faut prendre le temps de se mettre au diapason de l'émotion de l'autre et de sentir le ton émotionnel qui s'impose. Nous constaterons alors qu'il est nécessaire de faire preuve de flexibilité émotionnelle ; même que certaines émotions désagréables ont leur utilité pour propulser notre énergie et maximiser notre performance.

Quel serait l'état émotionnel à adopter si vous désiriez accéder au meilleur de vous-même pour :

A) présenter un projet devant 400 clients potentiels ?

B) créer la confiance et approfondir une relation avec un client difficile ?

C) imposer un changement impopulaire ou une mesure disciplinaire ?

D) faire une demande en mariage ?

E) défendre dans la rue une femme attaquée par un homme violent ?

F) consoler un ami au salon funéraire ?

G) fuir un ours noir qui vous court après ?

Cet exercice nous fait constater que toutes les émotions peuvent s'avérer utiles selon les circonstances. On peut d'ailleurs les catégoriser en fonction du type d'énergie émotionnelle qu'elles produisent : émotions à haute énergie désagréable, à haute énergie agréable, à faible énergie désagréable ou à faible énergie agréable.

La dynamique[3] de l'énergie émotionnelle

Haute énergie désagréable	**Haute énergie agréable**
Colère	Passion, enthousiasme
Peur	Joie de vivre
Anxiété	Amour
Stress	Audace
Hostilité	Conviction, détermination
Impatience	Espoir
Répugnance	Émerveillement
Dégoût	Curiosité
Ressentiment	Admiration
Faible énergie désagréable	**Faible énergie agréable**
Déprime	Calme
Tristesse	Sérénité
Épuisement	Paix d'esprit
Impuissance	Gratitude
Désespoir	Bonté
Chagrin	Compassion
Mélancolie	Détachement, lâcher-prise
Ennui	Patience

L'énergie derrière l'émotion

Pour atteindre une performance optimale à long terme, il y a **l'enthousiasme, la passion et l'audace.** Grâce à ces émotions, notre corps produit des hormones qui stimulent notre organisme, entraînant plus de vitalité physique en plus d'une énergie intense et agréable. Nous ressentons alors moins de fatigue et nous devenons plus résistants.

3. Je me suis inspirée du livre de Jim Loehr et Tony Schwartz, *The Power of Full Engagement* pour développer ma propre dynamique de l'énergie émotionnelle.

Mais comme nous ne pouvons pas passer notre vie dans le cadran des « émotions hautes en énergie », car il y aurait surcharge d'énergie (en adrénaline) pour notre corps, nous devons apprendre à laisser reposer notre métabolisme. C'est en nous connectant à la **gratitude, au calme et à la sérénité** que nous sécrétons les hormones de relaxation qui apaisent notre organisme et nous apportent des moments de détente.

Pour bien saisir la différence entre ces émotions en haute énergie agréable ou en faible énergie agréable, nous pourrions comparer par exemple l'euphorie, qui provoque une haute énergie, à **l'accélérateur** de notre véhicule. Alors que le **frein** se retrouve dans le registre opposé, au sein d'émotions agréables quoique faibles en énergie, telles que la détente et la quiétude. Vous conviendrez que pour conduire notre véhicule, nous avons tour à tour besoin des deux : aussi bien du frein que de l'accélérateur !

Dans le registre des émotions à haute énergie et désagréables, il y a **la peur, l'anxiété et la colère**. Elles en consomment tellement qu'elles sont littéralement des dévoreuses d'énergie. Bien que ces émotions aient leur utilité dans certains contextes : elles mobilisent l'organisme pour faire face à un défi, à une menace, il vaut mieux éviter de les ressentir trop souvent. Pour illustrer cette question, ce serait comme de faire un long trajet sur l'autoroute en première vitesse, notre métabolisme faisant 20 000 tours-minute... En plus d'être coûteuse en carburant, cette randonnée risque fort d'endommager la carrosserie et d'entraver le bon fonctionnement de la mécanique... Résultat : nous en sortons épuisés.

D'autre part, des états désagréables comme **le désespoir, la tristesse ou l'impuissance** représentent, eux, l'absence d'énergie et il faut éviter de se cantonner dans ces états. Bien que nous devions vivre un jour ou l'autre certaines de ces émotions désagréables, telles que la tristesse qui accompagne le deuil d'un être cher, la souffrance qu'elles provoquent peut toutefois nous permettre de nous connecter avec nous-mêmes et de faire le ménage de nos valeurs de vie.

Voilà pourquoi il est quelque peu inquiétant de constater qu'en Occident, il y ait une telle incapacité à tolérer ce type d'état émotionnel (émotions désagréables et de faible énergie). Loin de moi l'idée de minimiser l'importance des bienfaits des antidépresseurs pour ceux qui en ont réellement besoin : les Prozac (chlorhydrate de fluoxétine), Zoloft (chlorhydrate de sertraline) et Xanax (alprazolam), mais ils sont devenus tellement accessibles que plusieurs choisissent de fuir les émotions désagréables au lieu de faire face à leurs vies. « Le réflexe de prescription est devenu tellement généralisé que, si une patiente pleure devant son médecin, elle est pratiquement sûre de se voir proposer une ordonnance d'antidépresseurs[4]. »

Et nous ne parlons pas des gens qui se médicamentent eux-mêmes en recourant à l'alcool, la drogue, le sexe compulsif, la nourriture, le travail acharné, l'ordinateur ou la télé. Comme si on s'ingéniait à s'engourdir suffisamment pour enfin « ne plus rien ressentir ».

Le pire scénario : « être engourdi et ne plus rien ressentir »

« Il faut vivre et non pas seulement exister. »

– Plutarque

Je crois que le pire des états humains, c'est d'être engourdi au point de ne plus rien ressentir, de ne plus pouvoir éprouver de tristesse, de colère ni d'anxiété. Pas plus que de percevoir de joie de vivre, de gratitude ni de passion. Quelle perte immense que de ne plus être touché par un geste tendre, d'être incapable de s'émouvoir de la beauté d'un coucher de soleil, ou encore d'être indifférent au courage et à la force de l'âme humaine des gens qui font une différence dans notre monde !

4. David Servan-Schreiber. *Guérir le stress, l'anxiété et la dépression sans médicaments ni psychanalyse*, Paris, Robert Laffont, 2003, p. 20.

Vivre, c'est ressentir

Notre vie émotionnelle est comme un balancier doté de son spectre d'intensité: plus on ressent les émotions positives avec intensité d'un côté, plus il faut savoir redresser et équilibrer la balance de l'autre côté et accepter les émotions négatives telles qu'elles sont: ni plus ni moins que des énergies qui circulent dans notre corps. Je vous le rappelle, les émotions sont comme un orage: elles ont un début, une impulsion et une fin. Nous pouvons même apprendre à nous en détacher et observer la tempête de l'extérieur sans avoir à y réagir.

Vous savez qu'un deuil ne dure pas une éternité. Il faut toutefois y faire face quand on le vit. Tout comme la colère nous permet de nous indigner sainement et de défendre nos droits lorsque nous nous croyons bafoués ou traités injustement, la peur, quant à elle, nous donne des ailes et nous permet de courir très, très vite et plus longtemps, surtout si un ours nous poursuit, par exemple…

Chaque émotion revêt son utilité et, jusqu'à présent, toutes ont grandement servi à la survie de l'espèce humaine. Le problème ce n'est pas le côté positif ou négatif des émotions, mais plutôt que nous soyons dominés par certaines d'entre elles! Les recherches en neuropsychologie ont démontré que, **biochimiquement, nous sommes accros à certaines émotions**. Dans la structure même de notre cerveau, nous avons des chemins, des circuits neurologiques plus développés selon nos prédispositions respectives. Ce sont nos émotions familières, nous y accédons facilement, rapidement et souvent de façon totalement impulsive.

CHAPITRE 4

Les émotions situées en dehors de notre zone de confort

Dans le livre *The Power of Full Engagement*, les auteurs illustrent qu'il est extrêmement difficile pour l'esprit de soutenir des énergies émotionnelles contradictoires, notre cerveau ayant tendance à surestimer un camp, une énergie au détriment de l'autre. Ce faisant, nous accordons beaucoup de valeur à certaines compétences émotionnelles, mais négligeons des habiletés utiles qui proviennent du camp opposé.

À titre d'exemples, un parent compatissant et extrêmement compréhensif peut éprouver de la difficulté à être sévère et autoritaire quand il le faut ou un homme d'affaires ambitieux, performant et nourri par son succès peut trouver difficile de « décrocher » de temps à autre en étant zen et contemplatif. Qu'en est-il de l'adjointe qui valorise la retenue et le contrôle? Cette dernière peut trouver drôlement laborieux d'être spontanée, de se laisser aller ou de rire d'elle-même.

Les gens extrêmement discrets et secrets peuvent trouver pénible de s'ouvrir et de se dévoiler afin de créer des liens d'intimité. L'employé généreux qui se donne corps et âme, toujours prêt à rendre service, peut avoir peur d'imposer ses limites ou d'exiger le salaire qu'il mérite. Pour les passionnés, il est difficile de prendre du recul. Tout comme pour les prudents pour qui il est presque impossible d'être audacieux et de risquer. Pour les très modestes, ce n'est pas évident de faire leur propre promotion et de vanter leurs mérites.

Y a-t-il un mauvais camp ?

Il est intéressant de constater que, spontanément, il nous arrive de **juger négativement** les gens dont les compétences émotionnelles se situent à l'opposé du registre que nous valorisons. Les très audacieux risquent d'avoir envie de traiter les prudents de peureux. Les modestes peuvent penser que ceux qui assument leurs talents et parlent de leurs forces, sont des vantards narcissiques (s'ils les admirent ou les envient secrètement...). Les parents très doux peuvent, en observant des parents très autoritaires, penser qu'ils ont tort et les juger comme s'ils étaient des « dictateurs », etc.

Bref, plus la compétence émotionnelle opposée ne correspond pas à nos valeurs, plus nous la jugeons instinctivement de façon négative. Il devient alors exigeant pour nous d'y accéder pour la développer en soi et ainsi croître en maximisant notre performance d'être humain dans la vie. Car si nous aspirons à être plus « complet », nous devrions développer notre flexibilité émotionnelle nous permettant l'accès à une vaste gamme d'émotions en plus de puiser dans le « bon registre » et choisir l'état émotionnel le plus approprié, celui qui supportera les résultats que nous choisissons de créer.

Quand l'état de performance se trouve de l'autre côté...

« Les hommes se distinguent par ce qu'ils montrent
et se ressemblent par ce qu'ils cachent. »

– Paul Valéry

Êtes-vous d'accord pour dire, qu'à certains moments, le parent compréhensif se doit d'être sévère pour le bien-être de son enfant et que l'homme d'affaires gagnerait à décrocher pour prendre du recul vis-à-vis de son entreprise ? Qu'en certaines occasions, les audacieux devraient être plus prudents ?

Pour être performant, pour créer de la richesse et de la profondeur dans nos interventions, il faut se doter d'une **capacité à soutenir les émotions opposées** à celles que nous avons tendance à privilégier. Et ce, même si au départ, c'est tout un défi pour le cerveau d'emprunter des chemins moins fréquentés.

Voici un exemple qui démontre que nous avons tous la force et la possibilité d'accéder à une émotion du camp opposé. J'ai eu un client en gestion de conflits qui, de toute évidence, accordait beaucoup de valeur à la **force**, au pouvoir formel, au fait d'être un homme ferme. C'était **un dur à cuire** avec ses employés. Les négociations avec ses syndiqués étaient coriaces et son attitude inflexible. Il utilisait son pouvoir avec fermeté et faisait montre de beaucoup de combativité dans le processus. Vous devinez ce que ça provoquait chez les syndiqués ? Ils réagissaient en devenant eux aussi de plus en plus combatifs, se ralliaient « tous pour un » devant le puissant « ennemi ». Se soutenant les uns les autres, ils s'interdisaient de plier pour ne pas créer de précédent dans l'esprit du dirigeant dont ils se méfiaient.

Après des périodes creuses attribuables à un contexte économique chancelant, les négociations étaient vouées à l'impasse et le président en était dérouté. Ayant perdu tous ses repères, il s'inscrivit à un *coaching* d'entreprise intensif. Pendant cette retraite fermée, l'écoute des témoignages d'autres gestionnaires lui ont permis de prendre le recul indispensable pour s'autoanalyser et comparer son propre style de gestion et ses valeurs avec ces derniers.

De retour au bureau, fort de cette expérience enrichissante, il convoque ses syndiqués à une réunion. Ce jour-là, notre dur à cuire, transformé par l'élévation de son niveau de conscience, décide de jouer cartes sur table et dévoile complètement son jeu. Il leur dit qu'il n'est pas en position de force, que l'économie va très mal et que la situation de l'entreprise est précaire. Il ajoute qu'il a géré jusqu'ici avec rudesse les relations de l'entreprise, comme l'aurait fait son père par le passé. Mais aujourd'hui il se rend compte que son attitude était lamentable, qu'il la regrette amèrement et il leur demande pardon pour les avoir traités de la sorte.

Ce qui a probablement eu le plus d'effet sur le groupe, c'est qu'au moment où il demandait pardon à ses syndiqués, **ses yeux se sont remplis de larmes** et qu'il a dû cesser de parler tellement l'émotion créait un trémolo dans sa voix. Sa sincérité et sa **vulnérabilité** à ce moment précis étaient palpables ! Les employés en furent saisis et moi aussi, je vous l'assure. En moins d'une minute, la situation était totalement inversée ! Ils voyaient leur patron différemment, ils ne le percevaient plus comme une menace dont on doit se méfier, aussi la grande majorité des gens a sympathisé et s'est mise à collaborer plus facilement.

Ce seul geste puissant rempli d'une émotion juste et sincère, a changé le *pattern* de méfiance et de combativité des syndiqués. Grâce au pouvoir de son authenticité, le dirigeant a touché le cœur de son groupe.

Permettez-moi une petite confidence, le plus drôle, c'est que notre homme regrette maintenant de s'être laissé émouvoir et s'en veut encore aujourd'hui d'avoir été à ce point « faible et vulnérable », en ayant les larmes aux yeux devant ses employés, comme quoi…

Remarquez que c'est le fait d'avoir perdu momentanément son attitude intransigeante et de s'être montré fragile qui a fait la différence dans ce cas-ci. Un patron qui se laisse ébranler trop facilement et se montre ému trop souvent devant ses employés, ne développera pas le leadership et la direction nécessaires pour inspirer le respect et la crédibilité. De même, le trop tendre doit apprendre à se raffermir au même titre que le fort gagnerait à développer plus de tendresse. En somme, il y a une richesse certaine à pouvoir puiser dans différents registres d'émotions en fonction de l'impact que nous voulons créer.

Sensible, vulnérable ET EN MÊME TEMPS leader et audacieuse

Depuis le jour où j'ai observé cette réunion, j'ai décidé d'être **sensible et vulnérable** tout en étant **leader et audacieuse**. En toute honnêteté, je dois dire qu'au début de ma carrière, je préférais l'audace, le leadership, ce que j'appelle la *drive*, car je n'avais pas cette assurance intérieure pour me permettre et m'accorder le droit d'être sensible et vulnérable devant mes groupes…

Cela me ramène au premier cours que j'ai donné à l'Université du Québec à Montréal. C'était à une période de ma vie où je me prenais beaucoup au sérieux. Je tenais mordicus à avoir l'air experte et crédible. Mon mot d'ordre était compétence ! Surtout que j'éprouvais un certain complexe : j'avais 31 ans et tout le monde croyait que j'étais une étudiante… De plus, j'ai toujours un peu souffert d'anxiété de la performance.

Enfin, le moment charnière est arrivé alors que je parlais à mes étudiants du pouvoir du recadrage en conflits. Je maîtrisais mal ce concept à l'époque, mais puisque dans les livres on en vantait les mérites, j'ai fait tout un argumentaire de vente à mes étudiants. Stimulés par ma présentation enthousiaste quant au concept, ils ont cherché à mieux comprendre et souhaité obtenir d'autres exemples. Mais je n'avais aucune autre notion à enseigner que ce que je leur avais raconté ! J'avais lu sur le sujet pour la première fois de ma vie, la semaine précédant mon cours…

Je me rappelle m'être dit : « *Isabelle, ou bien tu te mets à parler longuement pour noyer le poisson, comme le font les politiciens, et au bout de 15 minutes personne ne se souviendra de la question initiale. Ou encore tu choisis d'être honnête et authentique, et tu leur avoues bêtement que tu as l'entière conviction de ce que tu avances, mais que pour le moment, tu n'en connais pas davantage sur cette question* ». Déchirée par des sentiments contradictoires qui m'amenaient à devoir choisir entre tenter de sauver la face et esquiver la question ou avouer mon incompétence en la matière devant 60 étudiants qui, je l'appréhendais, me considéreraient sans doute comme trop jeune et novice pour être leur enseignante…

Finalement, j'ai choisi de montrer ma vulnérabilité devant eux. Je leur ai dit que malgré mon air persuasif, je n'avais jamais entendu parler de recadrage, 10 jours plus tôt. Je leur ai même fait part de mon dilemme entre ma volonté de sauvegarder les apparences et mon désir d'être transparente et de dire franchement que j'avais certaines lacunes sur le sujet. Je les revois encore, les yeux fixés sur moi, puis tout à coup, ils se sont mis à rire. Et moi, rouge de honte, j'ai survécu à tout cela. Et j'en ai bien tiré une leçon, car je l'ai ressenti dans tout mon corps. Après tout, avoir l'air incompétente, ce n'est pas la fin du monde!

Un avant et un après...

Aussi futile qu'elle puisse paraître, cette anecdote vécue à l'UQÀM, fut l'une des expériences les plus significatives de ma vie, car elle a marqué la fin de ma période « *Isabelle se prend au sérieux* ». Le plus révélateur dans cette histoire, c'est qu'à la fin de la session, à la lecture des évaluations d'étudiants, au moins une dizaine d'entre eux indiquaient: « C'est l'enseignante la plus authentique que j'ai eue », « vraie », « sincère », « généreuse », « on parle des vraies affaires avec elle », « ce cours-là m'a transformé », etc. C'était plutôt inusité, car le moment où j'ai donné l'impression d'être plus incompétente s'est avéré celui où le lien de confiance s'est vraiment établi avec plusieurs de mes étudiants. Quelle belle leçon de vie!

Aujourd'hui, cette authenticité est même ma marque de commerce. Je ne me prends plus au sérieux et j'ai appris à rire de moi. Je partage mes interventions manquées, je mets de la musique pour accueillir mes étudiants en classe universitaire, où sérieux et rationalité sont de mise. Ou encore, je les encourage à sauter dans les airs (pour démontrer que le métabolisme peut créer de l'énergie) en le faisant moi-même, seule à l'avant, pendant que personne n'ose me suivre... Parfois, je leur raconte des cas de résolution de conflits qui me touchent tellement que j'en ai les larmes aux yeux et j'ai de la difficulté à terminer... Je pourrais me sentir vulnérable, mais force est de constater que rien de fatal ne m'est arrivé jusqu'à ce jour.

Paradoxalement, je constate que tous ces comportements qui « s'écartaient de la norme » lesquels je n'aurais jamais osé adopter par le passé, sont toutefois les mêmes qui me confèrent aujourd'hui toute ma puissance d'influence auprès de mes groupes. Il existe un énorme pouvoir dans l'authenticité. Il y a une gigantesque puissance à pouvoir être à la fois sensible et vulnérable, de même que leader et audacieux.

Et vous, quels muscles émotionnels devriez-vous développer ? Je vous suggère de fouiller dans le registre opposé à vos forces pour donner plus de profondeur et de puissance à vos interventions. Il faut acquérir l'aptitude d'être flexibles et de pouvoir éprouver librement toute la gamme de nos émotions. Soyons vigilants surtout dans ces sphères où nous excellons, puisque comme tout est polarisé dans la vie, nous risquons des déséquilibres… Quant à moi, l'aspect sur lequel je me concentre actuellement, c'est : « Comment pourrais-je être aussi productive et conserver mon sens de l'urgence, tout en étant **patiente et tolérante** face à ce qui me ralentit ? »

CHAPITRE 5

Un seuil de bonheur prédéterminé

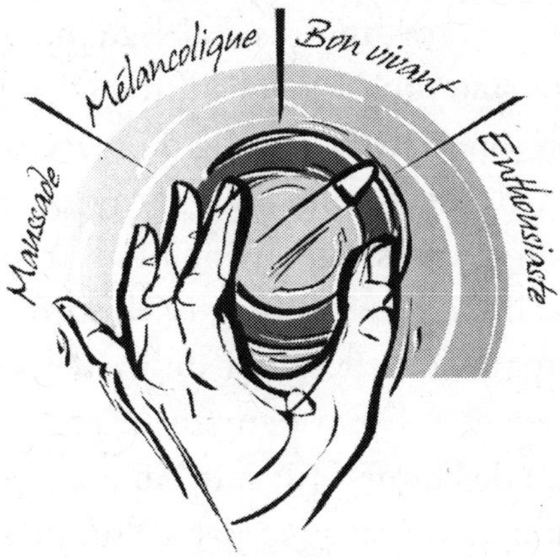

Connaissez-vous des gens qui, peu importe ce qui leur arrive de beau et de bon dans la vie, trouvent toujours le moyen de se plaindre et d'être frustrés ? Parallèlement, en connaissez-vous qui n'ont pas eu la vie facile, qui ont traversé de lourdes épreuves, mais qui ont toujours su rebondir et passer outre comme si de rien n'était ? Certaines personnes sont tellement prévisibles sur le plan émotionnel que nous sommes même tentés de leur apposer une étiquette. Nous disons d'elles : « C'est un frustré. » « C'est une victime. » « C'est une vieille âme pleine de sagesse. » « C'est la joie de vivre incarnée. »

En 1996, à l'Université du Minnesota, David Lykken a publié une étude qui démontrait que les humains ont un **seuil de bonheur prédéterminé**. Selon ses recherches, 50 % de notre sentiment de satisfaction face à la vie proviendrait de notre programmation génétique et ce phénomène serait comparable à une **homéostasie** naturelle, à un **thermostat** programmé. Peu importe ce qui nous arrive de merveilleux, de mauvais, de spectaculaire et d'atroce dans la vie, notre niveau de bonheur reviendrait toujours à sa température de base.

Dans son livre *Surmonter les émotions destructrices*, Daniel Goleman cite une étude sur le sentiment de bien-être qui ne révèle que des différences négligeables entre les niveaux de satisfaction des **paraplégiques**, des gens **ordinaires** et des **gagnants à la loterie**. Plus précisément, il constate que les gens atteints soudain de paralysie des deux membres inférieurs, à la suite d'un accident, se reprennent en main et se remettent à voir la vie de façon positive, quelques semaines seulement après cet événement imprévisible de leur existence. De plus, ils arrivent à être aussi optimistes ou pessimistes qu'ils l'étaient auparavant. Il en est de même pour ceux qui ont perdu un être cher et qui parviennent à retrouver leur humeur habituelle au cours de l'année qui suit. Au jour le jour, Goleman ne relève pas de différence marquée dans l'humeur des gens riches comparativement à celle des gens de moindre revenu. Ainsi, comme nous le voyons, dans ces données : « **les circonstances générales de notre vie ont étonnamment peu d'effet sur nos humeurs prédominantes.** »

À l'Université Princeton, le Dr Daniel Kahneman, reconnu pour ses travaux sur l'économie du bonheur et ses recherches sur la psychologie hédoniste, utilise le terme **adaptation** pour illustrer le fait que malgré les événements, l'être humain a tendance à revenir à son seuil de bonheur habituel. Il affirme que tout le monde est surpris de voir à quel point les paraplégiques peuvent être heureux. Et à ceux que cela étonne, M. Kahneman répond que malgré leur handicap, ces individus ne sont pas paraplégiques à plein temps. Ils font autre chose. Ils ont aussi des activités qui ne requièrent pas l'utilisation de leurs jambes ; ils apprécient leur repas, ils ont du plaisir à bavarder avec des amis, ils lisent des livres intéressants. Tout dépend sur quoi ils se concentrent et portent leur attention.

Une option « par défaut » dans le cerveau ?

D'un point de vue neurologique encore plus précis, les recherches en neurosciences affectives ont démontré qu'en fonction du tempérament dont nous avons hérité à notre naissance, la structure même de notre cerveau, soit nous prédispose à accéder à certaines émotions caractéristiques, à certaines humeurs particulières, soit elle en entrave l'accès.

Pour employer une métaphore, nous pourrions dire qu'en venant au monde, un individu peut disposer d'une autoroute neurologique à six voies vers la prudence tandis qu'il ne possède qu'une petite ruelle sinueuse le menant vers l'audace. C'est ce qui explique la dépendance biochimique que nous pouvons avoir envers certaines émotions. Un peu comme si notre cerveau avait des « **options par défaut** » installées dans notre physiologie et que peu importe les circonstances de notre vie, nous vivons et revivons les *patterns* émotionnels qui viennent avec le modèle de base de notre cerveau.

La neuroplasticité

Heureusement que la science a également découvert que les dés ne sont pas lancés, une fois pour toutes dès la naissance, et que nous pouvons modifier notre tempérament. Nous ne sommes pas pris au piège avec notre modèle de base et nous avons même la capacité d'augmenter nos options disponibles.

Daniel Goleman[1] cite plusieurs recherches indiquant que nous pouvons concrètement accroître notre part de bonheur par l'exercice mental. En effet, le concept de **neuroplasticité** implique que notre cerveau peut être entraîné, car sa structure même peut être modifiée. Il devient possible de muscler nos nouveaux circuits neurologiques.

1. *Ibid.*, p. 55 et p. 380.

Entraînement, entraînement, entraînement !

« La vie est un spectacle, autant faire sa propre mise en scène. »
– William Shakespeare

Tout ce dont nous avons besoin pour entraîner notre cerveau au bonheur et à la performance, c'est de la pratique ! Si par la pratique assidue, nous obligeons notre cerveau à **emprunter des chemins « émotionnels » moins fréquentés**, nous allons développer de **nouvelles habitudes neuronales** et probablement même susciter la croissance de nouveaux neurones. Cela n'est pas sorcier, comme d'apprendre à conduire une voiture manuelle, à parler une langue seconde ou encore à jouer d'un instrument de musique. Évidemment au début, on se sent gauche et bizarre, comme si ce comportement ne nous appartenait pas. On se dit : *« Ce n'est pas moi, ça »*, mais au bout d'un certain temps, les nouveaux **circuits neuro-sémantiques** se sont installés comme s'ils avaient toujours été là, pour devenir comme une seconde nature. Le but de l'entraînement consiste à changer les options par défaut du cerveau, à s'offrir plus d'options pour que toute nouvelle possibilité devienne une habitude.

CHAPITRE 6

Notre vie, c'est nos émotions !

Oui, notre vie, c'est nos émotions, car sans émotion la vie n'a pas de sens ! Vous trouvez que c'est exagéré comme affirmation ? Dites-moi alors ce qui donne de la saveur à notre existence sinon l'amour, la joie de vivre, l'espoir, etc. ?

Toute notre motivation, tous nos motifs pour l'action nous situent en fonction des expériences émotionnelles que nous voulons vivre ou que nous désirons fuir. Essentiellement, ne cherchons-nous pas à aller vers le bonheur, vers des expériences qui sont agréables ? Si c'est le cas, nous aurons souvent tendance à redoubler d'ardeur pour nous éloigner des expériences douloureuses et souffrantes sur le plan émotionnel. Nous avançons dans la vie en fonction de ce que nous ressentons ou que nous voulons ressentir, et ce, le plus souvent inconsciemment.[1]

Connaître le fonctionnement de notre cerveau pour mieux le déjouer

Il est intéressant de constater que nos souvenirs dépendent souvent des moments chargés d'émotions que nous avons vécus. Vous êtes sceptiques ? Faisons un petit test ensemble. Vous rappelez-vous où vous étiez et avec qui vous étiez, le jour des attaques

1. Les spécialistes estiment qu'à peine 5 % de nos comportements sont dirigés par notre volonté consciente. Nous sommes des créatures dominées par nos habitudes et 95 % de ce que nous ferions se produit automatiquement en réaction à une demande ou à une anxiété. Voir *The Power of Full Engagement*, p. 166.

terroristes au World Trade Center? Il y a fort à parier que oui puisque c'est un moment marquant sur le plan émotionnel. Certains se souviennent même du temps qu'il faisait ce jour-là.

Et maintenant, vous rappelez-vous de ce que vous avez mangé pour déjeuner il y a trois jours? Je parie que la réponse surgit beaucoup moins rapidement dans votre esprit. Cela illustre bien qu'à l'instant où nous vivons un moment chargé d'émotions, le cerveau en capte les éléments en présence. Il entrepose ensuite ces souvenirs remplis d'émotions et les rend très accessibles à notre conscience. Il devient alors très stratégique de connaître le fonctionnement de notre cerveau pour apprendre à le déjouer et ainsi créer l'émotion voulue pour faire face à une situation donnée, et ce, à volonté.

Le cerveau: la fabrique d'émotions

C'est le cerveau qui génère les émotions en activant différents circuits électriques, un peu à l'image de l'éclair qui se déploie après une décharge qui éclate. Une fois activé, le circuit libère des hormones (neuropeptides, neurotransmetteurs, etc.). Les hormones relâchées peuvent être de différentes natures. Certaines sont liées au bonheur telles que **l'endorphine, la sérotonine, la dopamine**. Notre corps peut aussi en libérer d'autres comme du **cortisol**, hormone du stress par excellence, de l'**ocytocine,** l'hormone de l'amour et de l'attachement, de l'**adrénaline** et de la **noradrénaline** qui permettent à l'organisme de fonctionner à une capacité maximale en augmentant notre niveau d'énergie (elles interviennent également dans les états d'excitation et d'enthousiasme), tandis que l'**acétylcholine**, le neurotransmetteur du système parasympathique, accompagne les états de relaxation, de bien-être et de calme. Nous verrons dans un prochain chapitre qu'il est possible d'aider notre corps à déclencher ces hormones, et ce, encore une fois, à volonté.

En plus des hormones qu'elles libèrent, chaque émotion suit son propre circuit neurologique dans le cerveau. Plus nous vivons une même émotion à répétition, plus nous renforçons son circuit et plus nous y accédons rapidement. L'émotion prédominante devient alors une humeur sous sa forme plus atténuée pour ensuite devenir un état d'esprit. Il existe des états ressources et des états limitatifs.

C'est le cerveau qui crée les émotions, apprenons à déjouer sa mécanique en musclant de nouveaux circuits pour le bonheur. Difficile à faire pensez-vous ? Encore faut-il connaître les astuces pour induire ces réactions chimiques dans le cerveau et savoir utiliser son corps adéquatement. Toutefois, avant de dévoiler l'aspect pragmatique de ces astuces, tentons de comprendre le fonctionnement de cet organe énigmatique.

Les trois parties du cerveau

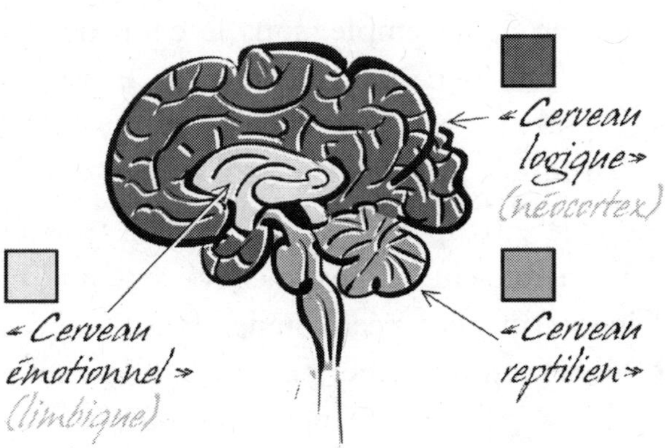

Pour l'expliquer simplement, le cerveau est constitué de trois parties principales. Au début de l'humanité, l'homme de Cro-Magnon ne disposait que d'une seule d'entre elles : le **cerveau dit reptilien**. Sa fonction était d'assurer la survie de l'espèce. Cro-Magnon n'était pas un fin stratège pas plus qu'il n'était d'une grande subtilité émotionnelle… Puis, avec le développement de l'homme, une deuxième couche a pris de l'ampleur dans le cerveau : le système limbique, aussi appelé le **cerveau limbique ou émotionnel.** C'est lui qui prend en charge les émotions, le bien-être psychologique et une grande partie de la physiologie du corps[2]. Et toujours suivant l'évolution de l'homme, s'est ajouté le néocortex, notre **cerveau logique,** celui qui régit la pensée, le langage et qui est apte à faire des plans d'action intelligents, à dire la bonne chose à la bonne personne, sur le bon ton et dans le bon registre émotionnel…

Mais il importe de savoir que le cerveau limbique (émotionnel) étant arrivé plus tôt dans le développement de la masse cérébrale de l'espèce, il a en quelque sorte préséance. En d'autres termes, dans certaines situations particulières, les émotions ont tendance à l'emporter plus facilement sur la raison ! Plus encore, si l'on vit une émotion intense qui l'active fortement… alors le cerveau limbique est capable de prendre le contrôle. Il peut ainsi dire « débrancher le cerveau logique » et nous faire accomplir des gestes contraires au bon sens. Comme par exemple, sous le coup de la colère, nous pouvons dire à une personne aimée des choses qui dépassent complètement notre pensée, pour ensuite nous excuser auprès d'elle et lui dire : « Pardon, je ne pensais pas ce que je t'ai dit. »

Trop de colère, trop de peur, (et même trop de joie), c'est néfaste pour notre capacité de raisonner, car ces émotions produisent tellement d'énergie qu'elles créent un déficit cognitif et sont difficiles à contrôler. M. Servan-Schreiber cite une étude à cet effet où il est établi que le cerveau émotionnel peut « **débrancher** » cette partie du cerveau la plus développée chez les humains, située derrière le front, qu'on appelle le cortex préfrontal. L'équipe de chercheurs de l'Université Yale, menée par Patricia Goldman-Rakic, rapporte que ce cortex préfrontal ne réagit plus adéquatement sous le coup d'un énorme stress et qu'il ne parvient pas davantage à adopter le comportement approprié. C'est alors l'instinct et les réflexes qui prennent le premier rang et quand les émotions sont trop vives, cette prééminence « du cerveau émotionnel sur le cognitif commence à dominer notre fonctionnement mental. Nous perdons alors le

2. Pour en savoir plus sur le sujet, je vous suggère le livre *Guérir*, de David Servan-Schreiber.

contrôle du flux de nos pensées et devenons incapables d'agir en fonction de notre meilleur intérêt sur le long terme. »[3]

Déjà en 1690, l'écrivain anglais Thomas Brown l'avait remarqué lorsqu'il a écrit : « Les hommes vivent par intervalles de raison sous le règne souverain de l'humeur et de la passion. » Ce phénomène gagne à être étudié, si on aspire à vouloir se maîtriser, car les émotions négatives dont nous perdons le contrôle peuvent détruire notre vie ou encore mener à la destruction autour de nous. Par exemple, quand nous assistons au phénomène de folie collective qui s'empare des foules lors des émeutes, parions que la majorité des gens voient leur cerveau logique « débranché » durant le tapage.

---

3. David Servan-Schreiber, *Guérir*, 2003, p. 41.

CHAPITRE 7

Quand on l'échappe

« Des émotions dont nous perdons le contrôle peuvent rendre stupides les gens les plus intelligents. »

– Daniel Goleman

Vous avez peut-être déjà remarqué que la colère, la peur et la frustration sont des émotions désagréables qui provoquent dans le corps tellement d'**énergie** qu'elles sont **difficiles à maîtriser** dans le feu de l'action. Plus spécifiquement, Goleman mentionne que la colère[1] est le mouvement de l'âme le plus ardu à contrôler, car l'effet que produit en nous la colère fait d'elle la plus séduisante des émotions négatives étant donné qu'elle produit de l'énergie, voire une certaine « euphorie ». La colère se nourrit de colère et fait monter rapidement le niveau d'excitation de l'organisme qui induit en nous une illusion de puissance et d'invulnérabilité susceptible de faciliter l'agression.

C'est ce qui explique que, sous le coup d'une grande colère, nous risquons de nous sentir plus courageux, plus audacieux allant même jusqu'à être incité à faire des gestes pouvant être regrettables. Le cerveau logique étant « débranché », on ne peut plus raisonner et il devient difficile d'être conscient des conséquences possibles de nos

---

1. Daniel Goleman, *L'Intelligence émotionnelle*, Paris, Éditions J'ai lu, 1997, pp. 95-99.

gestes ou paroles. Mes étudiants ont une expression bien à eux pour illustrer ce phénomène, ils parlent de: «*péter une coche*»... C'est peut-être d'ailleurs ce qui est arrivé à Mike Tyson, en 1997, lorsqu'il a arraché avec ses dents un morceau d'oreille à son adversaire, Evander Holyfield, en le mordant... Furieux et hors de lui, il n'a pas prévu que cette morsure lui coûterait si cher en amende, en plus de ne pas monter dans le ring pendant un an...

Mais avant d'aller plus loin, gardons à l'esprit que toutes les émotions (même les plus désagréables) ont leur utilité. Elles ont permis à l'espèce humaine de survivre aux menaces. Or, les émotions préparent à l'action. À l'époque de l'homme de Cro-Magnon, la peur et la colère ont soutenu la survie de l'espèce en produisant chez celui qui les ressentait beaucoup de vitalité: soit pour prendre la fuite, soit pour préparer son corps au combat. Si Cro-Magnon voyait un autre de ses semblables venir vers lui pour lui voler sa compagne ou sa nourriture, attention au pouvoir de sa colère! Et plus nos émotions sont aptes à produire d'énergie, plus elles deviennent un véritable challenge à maîtriser, car une grande concentration d'énergie peut aussi provoquer de graves catastrophes...

Quand quelqu'un est très stressé ou anxieux, par exemple, une bonne dose de cortisol (l'hormone du stress) se répand dans son cerveau logique. L'acuité sensorielle s'amplifie et les grands muscles se préparent à l'action. Cette réponse physiologique est tout à fait adéquate si nous devons nous préparer à affronter un lion et assurer notre survie, par exemple, mais beaucoup moins idéale pour se préparer à rencontrer un client difficile, négocier un enjeu d'importance ou lors d'une présentation devant 500 personnes!

En fait, lorsque trop de cortisol envahit notre cortex préfrontal, nos facultés logiques peuvent se voir réduites jusqu'à 66 %[2]. C'est ce qui explique qu'après une entrevue ou une conversation difficile, vous vous êtes peut-être déjà demandé: «*Comment se fait-il que je*

---

2. Brady G. Wilson, *Juice: Release Your Company's Intelligent Energy Through Powerful Conversations*, Toronto, Bastian Books, 2006, p. 134.

n'aie pas pensé à lui dire ceci ou à lui répondre cela?» C'est l'effet du cortisol, son déferlement dans votre cerveau diminue momentanément votre capacité de réfléchir normalement. Résultat: nous devenons moins intelligent, moins performant et moins charismatique.

Prisonnier d'une émotion

> *«Si vous êtes en colère, comptez jusqu'à 10 avant de parler.*
> *Si vous êtes très en colère, comptez jusqu'à 100!»*
> – Thomas Jefferson

À l'Université du Wisconsin, le neurobiologiste et pionnier dans le domaine des neurosciences affectives, Richard Davidson, parle de «**période réfractaire**» pour définir le moment où, une fois déclenchée, l'émotion s'avère très difficile à maîtriser. «C'est le temps qu'il faut à l'esprit pour se défaire de l'emprise émotionnelle.»[3] Il ajoute que sous le contrôle d'une émotion, on devient sourd à toute nouvelle information et prisonnier d'un compartiment du cerveau, car **on ne voit que ce qui nous conforte dans cette émotion**. Nous **cherchons alors les preuves** qui justifient que nous soyons dans un tel état et nous l'amplifions comme en mettant de l'huile sur le feu.

Dans de tels moments, il faut absolument savoir **s'interdire d'agir**! Il faut plutôt prendre congé de la situation, faire une marche, se réfugier dans la salle de bain, etc. Sinon, on risque de dire des choses qui dépassent notre pensée. Pour calmer l'emballement du cerveau (mises à part les astuces et les stratégies d'intelligence émotionnelle que vous découvrirez ici), il faut lui donner beaucoup d'oxygène. Respirer lentement et profondément, et surtout, prendre une pause pour clarifier notre esprit.

---

3. Daniel Goleman, *Surmonter les émotions destructrices*, Paris, Éditions Robert Laffont, 2003, p. 267.

Quand la mémoire sélectionne ses souvenirs

Daniel Goleman explique que « chaque émotion possède son propre répertoire de pensées, d'actions et même de **souvenirs.** »[4] Les souvenirs heureux remontent à la surface de notre mémoire lorsque nous sommes joyeux, alors que les souvenirs de frustration nous reviennent à l'esprit dès que nous sommes irrités.

Peut-être avez-vous déjà observé cela ? Lorsque vous passez une magnifique journée en compagnie de votre conjoint (ces moments où vous avez l'impression de « retomber en amour »), vous devenez alors conscient et présent à tout ce que cette relation vous a apporté de positif. Mais si vous êtes au beau milieu d'une terrible querelle, ce sont les coups bas et les paroles blessantes qui ont été dites, et ce même il y a fort longtemps qui, non seulement vous reviennent à l'esprit, mais qui, en prime, s'additionnent.

La goutte qui fait déborder le vase, qui fait tout exploser (*over reaction*), c'est **l'accumulation des mêmes types de souvenirs** dans l'esprit. Ces souvenirs qui s'additionnent les uns aux autres et qui nous font dire : « Là, c'est trop ! »

Au chapitre 9, nous verrons que nous pouvons utiliser le même principe d'accumulation par l'addition de souvenirs heureux pour provoquer une explosion de gratitude.

Les versions atténuées : l'humeur et la marque de commerce émotionnelle

> « *On ne peut empêcher les oiseaux noirs de voler au-dessus de nos têtes, mais on peut les empêcher d'y faire leur nid.* »
>
> – Proverbe chinois

Une fois que l'énergie de l'émotion commence à se calmer, elle devient une humeur, puis un état d'esprit. Cette énergie émotionnelle

---

4. Daniel Goleman, *L'Intelligence émotionnelle*, Paris, Éditions Robert Laffont, 1997, p. 436.

atténuée s'installe progressivement dans notre personnalité. Nous pourrions même parler d'une **marque de commerce émotionnelle**. Nous avons abordé cette question au chapitre 5. Il n'est pas rare de mettre à quelqu'un une **étiquette** en disant: « C'est un frustré ; c'est une victime ; c'est un anxieux de la pire espèce. »

Nous avons tous nos émotions habituelles. Être accro à des émotions positives, c'est le summum, considérant qu'elles soutiennent notre performance et notre bonheur tout en nous guidant vers des états ressources ! Mais malheureusement, nous sommes aussi accros à des émotions négatives. Ces dernières nous plongent dans nos états limitatifs et nuisent à notre joie de vivre. À cet égard, Bouddha disait : « Vous ne serez pas punis pour votre colère. Vous serez punis *par* votre colère », car non seulement elle a un impact négatif sur nous, mais elle contamine de même négativement les gens qui nous entourent ! En notre présence, les autres réagissent à notre humeur et s'ensuit un **cercle vicieux** où tout se renforce. L'**humeur règne donc sur notre vie** en orientant notre perception et en limitant notre jugement :

> « Le fait d'être dans une humeur donnée joue sur **notre jugement** en le limitant. Cela nous rend plus vulnérable que de coutume. Les humeurs négatives sont un vrai problème parce qu'elles **altèrent notre pensée**. Quand on se lève d'humeur irritable, on cherche la première occasion de se fâcher. Des choses qui d'ordinaire ne nous frustreraient pas le font. »[5]

Sommes-nous en contact avec la réalité ?

Nos humeurs et nos émotions régulent constamment ce que nous percevons. Selon l'émotion ressentie, notre cerveau met le « focus », voire l'accent sur certains aspects seulement. Notre attention n'est canalisée que sur une parcelle de ce que nous observons de la vie. Il n'est pas abusif de dire alors que notre **réalité dépend**

---

5. Daniel Goleman, *Surmonter les émotions destructrices*, 1997, p. 195. C'est moi qui souligne.

de notre état affectif du moment. Ce que nous ressentons, c'est notre vie ! La vie telle qu'elle se présente à nous.

Afin d'illustrer ce principe, prenons l'exemple d'un homme qui possède cinq millions de dollars, mais qui éprouve une profonde insécurité de ne pas en avoir suffisamment pour le reste de sa vie. Est-il riche ? Probablement que oui selon nos critères pécuniaires objectifs, mais certainement pas du point de vue de son ressenti subjectif à lui. S'il est un accro du sentiment de manque, s'il est doté d'une autoroute neurologique à six voies le menant à l'insécurité, si cela lui fait sélectionner les informations lui confirmant les risques de perdre son argent, si son cerveau lui rappelle ces souvenirs d'expériences de vie où il a eu la preuve qu'on peut manquer de ressources en tout temps, cet homme est-il toujours riche ? Bien sûr que non, car la vie de cet homme, c'est l'expérience du manque, c'est l'insécurité.

Négativement accro

Vous, savez-vous consciemment quelles sont les émotions négatives auxquelles vous êtes biochimiquement accro ? Quelles sont vos humeurs prédominantes ? Si vous n'en avez aucune idée, posez la question à votre conjoint…

En ce qui me concerne, j'ai un peu honte de vous confier qu'un jour, ma fille, alors âgée de trois ans, savait déjà à quelle émotion négative j'étais accro… J'ai souvenir du moment où, complètement stressée, je la poursuivais dans la maison lui disant d'un ton insistant : « Vite, Séréna, mon amour ! On est pressées. Fais ça vite ! Dépêche-toi ! » Elle s'est soudainement tournée vers moi en me disant : « Je sais, maman, tu es *toujours* pressée. »

Vous l'aurez deviné, l'impatience est mon émotion à combattre ! J'**accède à l'impatience en une nanoseconde** ! Rien n'est assez vite. J'ai une liste de choses à accomplir dans ma journée et tout ce qui me ralentit risque de m'énerver. C'est comme si j'étais sous l'emprise d'un sentiment d'urgence perpétuel qui me donne l'impression que je vais toujours manquer de temps. Sans m'en rendre compte, je cherche les preuves que la vie va vite. Je prends des décisions en fonction de ce sentiment. Et devinez comment la vie se manifeste à moi ? Ma vie, c'est un manque de temps ! Vivre le moment présent est un réel défi pour moi. J'ai la fâcheuse habitude de vivre dans l'avenir et d'être sans cesse en attente de la prochaine étape. Dans ma vie professionnelle, je gère très bien ce « défaut », car je ne vis pas mon quotidien avec mes clients. Ceux qui paient le prix de ma marque de commerce émotionnelle, ce sont mes proches ! J'ai tendance à être un vrai « paquet de nerfs », car dans ma vie quotidienne les occasions d'être impatiente sont abondantes...

Revenons à notre concept du cercle vicieux. Les gens impatients vous donnent-ils le goût de collaborer ? Vraiment pas. Même qu'au contraire, ils ont plutôt tendance à créer de la résistance, sinon de l'hostilité et n'incitent pas à une collaboration. De ce fait, accomplir les choses demande encore plus de temps. Ce qui provoque encore plus d'impatience : un *pattern* automatique, souvent inconscient, mais combien prévisible...

Je vous fais une autre confidence, il n'y a pas que mon autoroute neurologique à six voies qui me mène à l'impatience, il y a aussi une autre forme de « danse intérieure », celle de la **culpabilité**. Résultat de mon stress et de mon impatience avec mes proches : je culpabilise. De plus, j'ai beaucoup d'autres raisons (mes fameuses preuves) de me sentir coupable. Lorsque je m'investis à fond en donnant plusieurs conférences, je me sens coupable de ne pas accorder suffisamment de temps à mes filles. J'adore mes filles, mais lorsque je prends des vacances avec elles, j'ai le sentiment de négliger mon entreprise, mes différents projets et d'accumuler du retard. À continuer ce cercle infernal, je vais passer ma vie à me culpabiliser ? Dans le Talmud d'ailleurs, nous pouvons lire judicieusement : « Nous ne voyons jamais les choses telles qu'elles sont, nous les voyons telles que **nous** sommes. »

Notre *pattern* émotionnel, c'est notre réalité

J'observe dans mon entourage des empreintes émotionnelles différentes. Une de mes amies est mélancolique et devient triste facilement. Croyez-vous qu'elle peut aisément trouver dans sa vie des preuves qui lui donnent raison d'être triste ? Un autre se sent rejeté et abandonné fréquemment. En fonction de cet état affectif, croyez-vous qu'il a vraiment l'impression qu'on le rejette (ces mêmes types de rejet que nous ne remarquerions même pas puisque le rejet n'est pas l'un de nos « enjeux personnels ») ? Pour certains, c'est soit le découragement ou la déprime, le ressentiment et l'humeur querelleuse. Chose certaine, ils ont tous en commun des circuits neurologiques puissants qui provoquent ces états émotionnels respectifs. Pour eux, la vie se manifeste à travers les lunettes roses ou grises selon leur état affectif. Ils projettent sur leur réalité, ce qui les habite à l'intérieur, leur *pattern* émotionnel.

Bien que je sois souvent victime d'impatience, de frustration, de culpabilité et d'anxiété de performance, les autres émotions négatives ne représentent pas de difficulté pour moi et sont plus faciles à maîtriser. Il m'en faut beaucoup pour ressentir tristesse, mélancolie, rejet, découragement ou du ressentiment. Je n'ai probablement dans mon cerveau que de petites ruelles sinueuses pour me conduire à ce type d'émotions limitatives. Je n'y accède presque jamais. Tant mieux, ça fait au moins ça…

CHAPITRE 8

Cerveau logique *versus* cerveau émotionnel

Maintenant que nous savons que notre intelligence émotionnelle fonctionne au mieux lorsque nos deux cerveaux coopèrent, qu'il y a une harmonie entre la partie émotionnelle et la partie logique, il est intéressant de distinguer qu'au sein de ce tandem, le cerveau émotionnel procure l'énergie et la direction, tandis que le cerveau logique, lui, s'occupe du « comment » en organisant l'exécution[1].

Que pouvons-nous faire ces jours où nous devons exceller pour faire face aux enjeux d'importance ou pour donner un « coup qui porte » au travail, quand malheureusement, malgré toutes nos bonnes intentions, notre tête, notre corps et notre cœur ne semblent pas vouloir contribuer à notre cause ? Sommes-nous trop stressés, anxieux, fatigués, désespérés ? Comment faire pour stimuler notre cerveau émotionnel, car c'est lui qui procure la motivation, la *drive*, comme on dit, et l'énergie ? Comment faire pour que l'ensemble de nos ressources intérieures soient mises à contribution afin que notre charisme rayonne et inspire ? Il faut déjouer notre cerveau émotionnel, apprendre son langage pour communiquer sans oublier que son accès principal se situe au niveau du corps.

1. David Servan-Schreiber, *Guérir*, 2003, p. 45.

Utiliser le corps pour déjouer notre cerveau émotionnel

Comme l'explique M. Servan-Schreiber, le cerveau limbique (émotionnel) contrôle les émotions et la physiologie du corps.

> « Le cerveau limbique est un poste de commande qui reçoit continuellement des informations de différentes parties du corps et y répond de manière appropriée en contrôlant l'équilibre physiologique : la respiration, le rythme cardiaque, la tension artérielle, l'appétit, le sommeil, la libido, la sécrétion d'hormones, et même le fonctionnement du système immunitaire sont sous ses ordres. »[2]

Grâce à cette relation étroite avec notre corps, il devient plus facile **d'accéder aux émotions par le corps** plutôt que par la logique ou la parole. Et si nous commandons à notre corps de bouger ou de respirer différemment, nous altérons immédiatement la réaction du cerveau limbique qui s'ajuste aux nouvelles données en procurant l'énergie émotionnelle requise. Nous verrons dans les prochains chapitres quels sont les différents accès à notre cerveau émotionnel. Par exemple, nous pouvons agir sur notre physiologie en changeant nos chorégraphies, en déployant notre métabolisme par l'exercice physique, en modifiant nos habitudes alimentaires, en exploitant notre système nerveux et nos cinq sens, en utilisant des techniques de *biofeedback* afin de maîtriser les réactions habituellement involontaires de notre corps, comme notre rythme cardiaque, entre autres.

---

2. David Servan-Schreiber, *Guérir*, 2003, p. 36.

CHAPITRE 9

La physiologie : l'effet d'une chorégraphie sur le cerveau « émotionnel »

Commençons par ce petit exercice.

Si je vous demandais de vous lever et de marcher normalement, de quoi auriez-vous l'air ? Comment le reproduiriez-vous ? Puis, si je vous demandais de marcher comme si vous étiez épuisé, mort de fatigue, comment le reproduiriez-vous ? Ou encore de vous déplacer comme si vous étiez anxieux, plein d'insécurité, rongé par le doute, comment serait votre corps ? Maintenant, essayez de marcher comme un passionné, rempli d'énergie, que rien ne peut arrêter littéralement. Que verrions-nous de vous si nous captions votre image sur vidéo ? Vous auriez sûrement changé la chorégraphie de votre corps pour imiter chacun des états émotionnels, non ?

Je vous invite à le faire concrètement dès maintenant, selon les états proposés (normal, épuisé, passionné, etc.), en concentrant votre attention sur votre expérience intérieure durant chacune des chorégraphies. Notez les sensations qui jaillissent, le niveau d'énergie qui prend place.

Si je vous demandais d'imiter la chorégraphie des gens **passionnés**, par exemple, vous constateriez que le simple fait de marcher à grands pas et vite, de respirer profondément et à toute allure, de bouger les bras amplement en déployant au maximum votre métabolisme, d'accentuer vos muscles du visage amplement, que tout cela aurait pour effet de changer votre état encore plus précipitamment, le remarqueriez-vous ? Si vous vous mettiez à parler plus fort, plus vite, avec plusieurs intonations dans la voix, cela amplifierait votre état encore plus. La joie et l'excitation font respirer abondamment, profondément. Enfin, si vous ouvriez grand les yeux et que vous disiez à votre visage que vous êtes d'une humeur superbe en affichant une expression de joie de vivre lumineuse, l'état s'accentuerait encore plus. Prenez donc une minute pour tester le résultat de cette chorégraphie.

Notre physiologie réagit à chaque état émotionnel selon un code précis et répétitif. La séquence prévisible se met en place lorsqu'on ressent une émotion particulière. Dans les états de **déprime et de dépression**, nous respirons lentement, nous avons tendance à voûter les épaules, à regarder vers le sol, à parler au ralenti, d'une voix basse, à se déplacer calmement en utilisant son métabolisme de façon minimale. Je vous invite à essayer cette chorégraphie et à prendre conscience de l'état intérieur qui émerge en vous, ce faisant.

En état de **stress et d'anxiété**, le souffle est court et rapide. Il provient essentiellement de la poitrine, car les muscles abdominaux de l'anxieux se contractent et l'empêchent d'expirer complètement. Changer notre respiration modifie notre état émotionnel de même que nos pensées, car une suite de respirations lentes, profondes, diaphragmatiques, dégonflent l'angoisse. La tension musculaire est caractéristique des états anxieux. D'ailleurs, en 1929, un médecin de Chicago, Edmund Jacobson a prouvé que le corps répondait aux pensées anxiogènes par une tension musculaire qui induit encore plus d'anxiété. En éliminant la tension musculaire, selon lui, vous éliminez l'anxiété puisqu'il est clair qu'un esprit anxieux ne peut pas vivre dans un corps détendu.

Je vous propose de tester la technique de relaxation rapide suivante. Dès que vous sentez le stress et l'anxiété s'emparer de vous, prenez deux minutes, contractez tous les muscles de votre corps et ensuite relâchez tout en même temps. Ajoutez cette technique à l'exercice des respirations lentes et profondes, et observez les résultats.

Comme notre corps est synchronisé avec notre cerveau émotionnel, le simple fait d'imiter ou de changer de chorégraphie peut induire l'énergie émotionnelle à supporter notre performance. En *coaching* individuel avec mes clients, je tente de leur faire prendre conscience de leur chorégraphie limitative, de leur faire réaliser comment ils portent leur corps, comment ils s'adressent aux gens, comment on peut réussir à lire sur leur corps leur doute, leur stress ou leur fatigue, le cas échéant. Un peu comme lors d'un entraînement au gymnase, je les fais pratiquer des comportements non-verbaux provenant de ces nouvelles chorégraphies. C'est fascinant de voir à quel point leur impact sur les gens change à une vitesse étonnante.

Installer la nouvelle chorégraphie dans le corps

Comme nos émotions sont influencées par notre physiologie, essayons alors d'installer dans notre corps, et plus particulièrement dans nos circuits neuro-sémantiques, ces nouvelles chorégraphies qui sont associées à des émotions positives précises. Car vous savez que **certaines connaissances s'incrustent dans le corps** et deviennent inconscientes par la suite.

Avez-vous déjà appris à conduire une voiture manuelle en vous demandant comment vous feriez pour accélérer, freiner et tourner, et ce, tout en même temps, tellement votre esprit conscient était mobilisé à changer de vitesse ? Pourtant, quelques mois plus tard, vous pouviez boire votre café, parler au téléphone, syntoniser un autre poste de radio et saluer votre voisin, tout en changeant de vitesse et sans même y penser ! Votre conduite d'une transmission manuelle est désormais une connaissance inconsciente inscrite dans de nouveaux circuits neurologiques de votre cerveau. Il en sera de même pour la maîtrise d'une langue seconde ou pour l'apprentissage d'un instrument de musique par exemple.

Étant donné que nous arrivons à installer une nouvelle manière d'être dans notre corps grâce à nos réseaux neuro-sémantiques, je vous propose d'imiter la démarche, la posture, l'intonation, le regard d'une personne déterminée, confiante et convaincue. Faites l'exercice d'imiter la joie de vivre avec des étoiles dans les yeux et voyez l'intensité que cette chorégraphie procure. Imitez la passion et l'enthousiasme suffisamment longtemps pour qu'ils deviennent votre état normal.

Le *feedback* facial

> *« Parfois, votre bonheur est la source de votre sourire, mais parfois votre sourire peut être la source de votre bonheur. »*
>
> – Thich Nhat Hanh

Plusieurs recherches universitaires ont été menées sur le *feedback* facial. Un des spécialistes de renommée mondiale en la matière est le Dr Paul Ekman de l'Université de Californie à San Francisco. Il a étudié les expressions du visage comme si elles étaient des ouvertures sur les émotions et a découvert que notre morphologie permet environ 7000 combinaisons de muscles de l'anatomie faciale de notre visage. **À chaque émotion « correspond une configuration des muscles sous-jacents si précise qu'il est possible d'établir la formule exacte de toute émotion.**[1] »

Dr Ekman forme des gens du FBI et des policiers aux expressions non-verbales du visage et des particularités de la voix pour détecter les signes de mensonge ou de sincérité. Ces mesures étant fiables à plus de 85 %, il propose même sa formation au grand public grâce à un logiciel disponible sur Internet. Je l'utilise avec mes étudiants à l'université. Nous y découvrons la configuration des muscles pour chaque émotion fondamentale. Puis, une vidéo nous montre un visage où nous percevons les signes de micro-émotions qui ne durent parfois qu'un vingtième de seconde. Par ces modèles, les gens particulièrement intuitifs qui ont développé une acuité plus aiguë peuvent facilement détecter sur le visage l'apparition d'émotions, même si le sujet pense en contrôler l'expression.

---

1. Daniel Goleman, *Surmonter les émotions destructrices*, 2003, p. 177. Ici, c'est moi qui souligne en caractères gras.

Ces découvertes sont fascinantes. Elles prouvent qu'en affichant intentionnellement une expression faciale, nous modifions sa physiologie et qu'en « adoptant une expression donnée, on voit se produire en soi les changements physiologiques qui accompagnent l'émotion correspondante. (...) **Le visage** n'est donc pas seulement un espace d'affichage, c'est aussi **un moyen d'activer l'émotion**[2] ». Provoquées volontairement, affirme Ekman, ces expressions déclenchent la mise en route du système involontaire. Autrement dit : « Le simple fait de sourire engage le cerveau dans l'activité caractéristique du bonheur, il en va de même avec la grimace, qui entraîne la tristesse[3] ».

Vous l'aurez compris. Si mimer volontairement l'expression faciale de différentes émotions, a pour effet de provoquer les réactions physiologiques et les humeurs correspondantes, alors sourions à pleine bouche, imitons la joie de vivre, la passion, l'audace, la détermination, la confiance, la sérénité, et voyons ce qui se produit.

---

2. R.J. Davidson, P. Ekman, S. Senulius et W. Friesen, « *Emotional Expression and Brain Physiology I : Approch/Withdrawal and Cerebral Asymetry* », *Journal of Personality and Social Psychology*, 58. 1990, pp. 330-341. C'est moi qui souligne en caractères gras.
3. Daniel Goleman, *Surmonter les émotions destructrices*, 2003, p. 183.

CHAPITRE 10

Aider notre corps à créer les hormones du bonheur

Pouvons-nous aider notre corps à créer les hormones associées au bonheur comme les endorphines, la sérotonine, la dopamine, l'acétylcholine ? Est-il possible, à travers certains comportements, d'en sécréter davantage et ainsi d'être biochimiquement mieux outillé pour faire face à diverses situations ? Il semblerait que oui.

Dans son livre *Molecules of Emotion*[1], la scientifique Candace B. Pert s'attarde à décrire quels sont les types de comportements reconnus pour augmenter les niveaux d'endorphines dans le sang. Ses recherches lui ont permis de découvrir par exemple, que le fait de **rire, de courir, d'être exposé à une lumière vive, d'être chatouillé, de se faire masser**, de pratiquer certains types de **respiration, etc.**, En fait, ces comportements provoqueraient une modification de la biochimie de notre cerveau par le relâchement des hormones du bonheur.

De plus, certains aliments ont la particularité de pouvoir stimuler la production d'hormones spécifiques.

Avez-vous déjà observé que de manger des **sucreries** nous réconforte et nous fait du bien sur le moment ? Manger sucré active nos circuits du plaisir dans le cerveau en stimulant la production d'endorphines et de dopamine. Dès que le sucre pénètre dans le sang, notre organisme ressent une montée d'énergie qui ne dure

---

1. Candace B. Pert, *Molecules of Emotion*, New York, Scribner Editions, 1997.

malheureusement pas longtemps car, dès que le niveau de sucre baisse dans le sang, soit moins d'une heure plus tard, on se sent soudainement épuisé, sans énergie. Nous devenons de véritables « accros » et nous anticipons notre prochaine « dose » de sucre ! D'où l'expression : « Le sucre appelle le sucre. »

Toujours dans le registre des sucreries, le **chocolat** produit lui aussi un effet biochimique intéressant. Il est composé d'une importante quantité de phényléthylamine. De la famille de l'amphétamine, ce peptide augmente la pression sanguine et le taux de glucose dans le sang et provoque un surcroît d'énergie. Sa structure s'apparente d'ailleurs à celle de la dopamine, de l'adrénaline et de la sérotonine ! C'est pourquoi le chocolat est reconnu pour avoir un tel effet sur l'humeur. Qui plus est, les phényléthylamines sont souvent appelées, peptides de l'amour, car nous en produisons une grande quantité quand nous sommes amoureux, particulièrement au début de la relation romantique, alors que l'effet de la passion bat son plein. Les niveaux de phényléthylamines atteignent un sommet dans notre corps durant l'orgasme. Voilà pourquoi il n'est pas surprenant que le chocolat soit associé à l'amour.

Il y a 1500 ans, les Mayas et les Aztèques considéraient la graine de cacao comme aphrodisiaque. Le chef aztèque Montezuma ne visitait jamais son harem sans avoir bu au préalable quelques tasses de « *xocoalt* », une boisson puissante à base de chocolat. Selon les Aztèques, ce nectar augmentait l'endurance, donnait de l'énergie, permettait de lutter contre la fatigue et diminuait l'inhibition chez les femmes. C'est peut-être l'origine de la coutume d'offrir du chocolat à la St-Valentin ?

D^re^ Pert a également observé que l'**orgasme** déclenchait une montée d'endorphine. Par des expériences sur des rats, les scientifiques ont mesuré qu'entre le début et la fin de l'acte sexuel, leur niveau sanguin d'endorphine dans le sang avait augmenté de 200 %. Il a aussi démontré que de **faire l'amour** stimule la production d'ocytocine, l'hormone de l'attachement romantique.

Arrêtons-nous un instant pour une petite parenthèse sur le thème de l'amour.

J'ai trouvé très intéressant d'apprendre que lorsqu'ils ont étudié la neurobiologie de la **passion fougueuse des débuts** *de relation, les chercheurs n'hésitaient pas à comparer ses effets neurologiques à ceux observés chez les toxicomanes. Ils ont réussi à démontrer, grâce à une caméra à positons, que dans les images de cerveaux d'hommes et de femmes éperdument amoureux, les zones neurologiques qui s'activaient en voyant l'image de leur amoureux correspondaient aux mêmes zones qui répondent normalement à la prise de drogues euphorisantes, comme la cocaïne ou les amphétamines.*

Le cerveau des amoureux, comme celui des drogués, sécrète de grandes quantités de dopamine et crée ainsi les phénomènes d'accoutumance (on a besoin de l'autre en tout temps, on est obsédé par lui, on en a jamais assez de sa présence, etc.) et provoque les mêmes symptômes que chez les toxicomanes: perte d'appétit, hyperactivité, diminution du besoin de sommeil, surplus d'énergie, etc. Autrement intéressant, l'équipe de Semir Zeki et Andreas Bartels du University College, à Londres, a démontré que chez les sujets très amoureux, les circuits neuronaux associés au sens critique et au jugement social sont anesthésiés, ce qui leur évite de voir les défauts de l'être aimé. Comme quoi, en effet, l'amour rend aveugle…

Ils ajoutent que le problème (ou l'avantage) de la passion amoureuse est qu'il s'agit d'un état instable et passager. Au bout de quelque temps, la production de dopamine et d'endorphine provoquant la sensation d'euphorie diminue et le désir s'estompe. C'est le même effet de tolérance qui incite les toxicomanes à augmenter les doses de drogues auxquelles leur corps a fini par s'habituer. Alors, l'euphorie cède le pas à l'indifférence, voire à la désillusion, puisque les circuits du sens critique (mis en veille par le coup de foudre) se réveillent et font apparaître les défauts de l'être aimé.

En terminant cet aparté sur un ton humoristique, on pourrait dire que la vie amoureuse, d'un point de vue biochimique, c'est le contraire des contes de fées... À force de l'embrasser, c'est le prince charmant qui se transforme en grenouille, et non l'inverse.

Chanter et danser : plus que du divertissement

Revenons aux types de comportements qui provoquent le déclenchement des hormones du bonheur. Nous devinons aisément qu'une personne est heureuse dès qu'on la voit **chanter, fredonner** ou **danser**, n'est-ce pas ? Ces comportements sont depuis toujours l'expression de la joie de vivre.

Habituellement, c'est notre humeur qui est le déclencheur initial de ces comportements, car c'est l'émotion qui nous pousse à l'action. À l'inverse, si nous sommes de mauvaise humeur et que nous décidons consciemment de nous efforcer volontairement de **chanter**, ça fonctionne aussi. Se forcer à chanter et danser nous détend et contribue à nous rendre heureux ! Le Dr Lévitin, professeur et chercheur à l'Univesité McGill, a écrit dans un article pour le *New York Times* que le fait de **chanter** et de **danser** rehausse le niveau de dopamine (l'hormone du plaisir) dans la chimie de notre cerveau.

Le fait de chanter et danser à un **rythme régulier** induit un état de bien-être proche de la **transe**. Soudainement, nous perdons la notion du temps et la fatigue disparaît pour ne faire qu'un avec le fameux moment présent, aussi appelé « l'état de *flow* » que nous décrirons en détail au chapitre 21. Peut-être avez-vous remarqué que lors des célébrations de mariages ou des fêtes, nous nous souvenons davantage des soirées où les gens ont dansé intensément durant la soirée ? Alors, mettez de la musique enlevante durant vos prochaines rencontres entre amis et vous vous créerez des souvenirs mémorables !

Le pouvoir de la respiration

D'un point de vue scientifique, le fait de chanter modifie notre mode respiratoire si bien que notre respiration monte de la partie inférieure du ventre, le bas-ventre. L'expiration prolongée provoque ainsi une **respiration diaphragmatique,** qui à son tour active le système nerveux parasympathique pour libérer un neurotransmetteur appelé acétylcholine. S'ensuit un état de détente et de relaxation. Alors, contrairement au système nerveux sympathique qui libère de l'adrénaline et de la noradrénaline (qui agissent comme un « accélérateur » pour l'organisme), le système parasympathique et l'acétylcholine constituent le « frein » de notre corps et l'amène à ralentir et se reposer.

Nos vies trépidantes exigent bien souvent que nous appuyions sur l'accélérateur à fond et malheureusement nous ne savons plus trop comment ralentir ! Il est possible de calmer notre physiologie **en respirant** lentement et profondément tout en évoquant des souvenirs de gratitude. Nous approfondirons cette technique de *biofeedback* très efficace qui mise justement sur la respiration, au chapitre 15. Peu d'entre nous sont vraiment conscients de leur respiration. L'oxygène devient précieux en état de manque ! D'ailleurs si nous nous étouffons, restons pris sous l'eau ou souffrons d'emphysème, toute notre attention se porte alors sur notre respiration.

Certaines façons de respirer compromettent notre énergie, notre équilibre mental et émotionnel. Les gens anxieux respirent rapidement et superficiellement avec la partie supérieure de leur poitrine. Pour diminuer instantanément notre stress et calmer notre cerveau émotionnel, il suffit d'**inspirer en comptant jusqu'à trois** et d'**expirer en comptant jusqu'à six** pendant quelques minutes, car notre rythme cardiaque s'accélère à l'inspiration et décélère à l'expiration.

Si vous devez parler en public et que vous êtes nerveux, anxieux, respirez à partir de votre ventre en retenant votre souffle le plus longtemps possible. Ensuite expirez le plus lentement et le plus longuement possible en poussant votre expiration au maximum de votre capacité. Voici un autre conseil : en vous rendant sur les lieux d'un événement stressant, chantez à pleins poumons dans votre voiture, par exemple. Vous constaterez que l'effet biochimique apaisant s'atteint de façon rapide et mécanique.

Une autre façon d'apaiser notre cerveau, c'est de faire un son continu à partir d'une voyelle pendant une période assez longue. Le fameux mantra « **AUM** » des gens qui méditent provoque un balancement des ondes cérébrales en approfondissant notre respiration, réduisant notre rythme cardiaque pour procurer un sentiment de bien-être dans le corps.

Danser, gambader, siffler, sauter dans les airs, taper dans les mains, faire de l'exercice cardiovasculaire, etc., voilà d'autres moyens de déjouer notre cerveau émotionnel. Par nos demandes en adrénaline et en noradrénaline ainsi créées, le cerveau émotionnel doit nous fournir les hormones de l'énergie et de la performance. Mais le point central demeure de bouger le corps intensément, le plus souvent possible, pour permettre de déployer les hormones de notre métabolisme de façon optimale.

L'extase du joggeur

Donc, bouger nous procure de l'énergie. À cet égard, les habitués du jogging, du *spinning*, du cardiovélo, de la danse aérobique, de la marche rapide ou encore du vélo intensif ont souvent décrit l'état euphorique où ils se sentent merveilleusement bien, ne ressentent plus la douleur et atteignent comme un second souffle. Pour ces gens, le sport devient une véritable drogue. Servan-Schreiber[2] expose que :

> « La plupart des joggeurs expliquent qu'au bout de quinze, trente minutes d'effort soutenu, ils entrent dans un état où les pensées sont, justement, spontanément positives, même créatives. Ils sont moins conscients d'eux-mêmes et se laissent

---

2. David Servan-Schreiber, *Guérir*, Éditions Robert Laffont, S.A., Paris, p. 174.

guider par le rythme de l'effort qui les soutient et les entraîne. C'est ce qu'on appelle couramment le ***high*, l'extase** du joggeur, et que seuls atteignent ceux qui persévèrent durant plusieurs semaines.»

Ce qui se produit après 20 à 30 minutes d'effort soutenu, c'est un déferlement d'endorphine dans le cerveau. Certaines études concluent qu'on peut augmenter jusqu'à 5 fois la quantité normale. Et l'endorphine, c'est un peu comme de la morphine pour notre corps ! C'est une drogue naturelle et bénéfique que l'on peut créer en soi-même si l'on sait mettre son corps suffisamment en mouvement.

Dans le livre *Guérir*, on rapporte les résultats d'une étude comparative pour le traitement de la dépression par le jogging et par un antidépresseur moderne très efficace : le Zoloft (semblable au Prozac). Il est dit que :

> « Après quatre mois de traitement, les patients des deux groupes se portaient exactement aussi bien. La prise de médicament n'offrait aucun avantage particulier par rapport à la pratique régulière de la course à pied. Même le fait de prendre le médicament *en plus* du jogging n'ajoutait rien. Par contre, après un an, il y avait une différence notable entre les deux types de traitement : plus d'un tiers des patients qui avaient été soignés par le Zoloft avaient rechuté ; alors que 92 % de ceux qui avaient été soignés par le jogging se portaient encore parfaitement bien. Il est vrai qu'ils avaient décidé d'eux-mêmes de continuer à faire de l'exercice même lorsque l'étude a pris fin. »[3]

L'endorphine est décrite comme étant l'hormone du bonheur et provoque des effets précis comme l'euphorie. Elle est anxiolytique, antifatigue, et antalgique (antidouleur). Les sportifs décrivent d'ailleurs leur expérience comme un moment d'extase, de grâce, de déplacement sans effort, de flottement. L'effet de ce *high* abaisse leur

3. *Ibid.*, p. 175.

stress, leur niveau d'anxiété, tout en diminuant l'essoufflement à l'effort et le sentiment d'épuisement. Puisque les endorphines possèdent des propriétés semblables à la morphine, elles se fixent sur certains récepteurs spécifiques du cerveau pour les empêcher d'envoyer leurs signaux de douleur. Elles peuvent diminuer les sensations de douleur, et ce, jusqu'à quatre heures après leur sécrétion.

La sécrétion d'endorphines induite par l'exercice physique entraîne :

> « Plus le mécanisme naturel du plaisir est ainsi stimulé, en douceur, plus il semble devenir sensible. Et **les gens qui font régulièrement de l'exercice tirent *plus* de plaisir des petites choses de la vie** : de leurs amis, de leur chat, des repas, de leurs lectures, du sourire d'un passant dans la rue. C'est comme s'il était plus facile pour eux d'être satisfaits. »[4]

Notons qu'il n'est pas nécessaire de faire beaucoup d'exercice, l'important c'est d'en faire régulièrement. La quantité minimale pour créer un effet sur le cerveau émotionnel serait de **20 minutes, 3 fois par semaine.** « La durée semble avoir de l'importance, mais pas la distance parcourue ni l'intensité de l'effort. Il suffit que l'effort soit soutenu au niveau **où l'on peut encore parler sans pouvoir chanter.** » Il n'est donc pas nécessaire de s'épuiser complètement pour stimuler les hormones et activer les circuits du bonheur dans le cerveau, mais plutôt de soutenir nos efforts au sein d'une zone optimale qui se mesure habituellement en fonction de nos battements cardiaques.

4. *Ibid.*, p. 178.

Afin de vous guider dans l'exercice physique, et de vous encourager à multiplier les moments où vous pourriez atteindre l'extase du joggeur, je vous propose de vous procurer **un moniteur cardiaque.** Il s'agit d'une montre reliée à une ceinture sur la poitrine et sur laquelle nous programmons notre zone d'effort optimale à atteindre pour maximiser les bienfaits de l'activité physique. Des spécialistes sportifs peuvent nous guider à déterminer cette zone d'effort optimale (selon l'âge et le poids, la zone peut par exemple, se situer entre 120 et 150 pulsations/minute). Ne reste plus qu'à programmer le moniteur pour que ce dernier active une sonnerie qui avise dès que nous nous situons sous le seuil minimal (120) ou au-dessus de celui-ci (150). Ainsi, peu importe l'activité physique à entreprendre comme de monter des escaliers au lieu d'utiliser l'ascenseur, de troquer la voiture pour le vélo, de pelleter la neige, de faire de la marche rapide, de ramer en canot, tout cela peut être pratiqué comme un exercice cardiovasculaire, si on ajuste notre effort pour le faire à une intensité optimale.

Bien que le pouvoir et les bienfaits de la musique soient davantage approfondis au chapitre 13, je trouve intéressant de vous mentionner que nous pouvons courir plus longtemps si nous le faisons à un **rythme régulier, imposé par la musique**. Par exemple, si vous marchez sur un tapis roulant incliné, tenez les barres de chaque côté et bougez la tête de gauche à droite vigoureusement au rythme de la musique. Ce mouvement encouragera l'induction d'un **état de conscience altéré**, proche de la **transe**, car il a pour effet d'apaiser les lobes temporels[5] de votre cerveau. De plus, vous

---

5. Daniel G. Amen, *Change Your Brain, Change Your Life: The Breakthrough Program for Conquering Anxiety, Depression, Obsessiveness, Anger, and Impulsiveness*, New York, Three Rivers Press, 1998, p. 20.

remarquerez que ces mouvements vous permettent d'être moins conscients de l'effort à fournir et de moins ressentir l'effet de brûlure dans vos muscles. Un autre avantage serait de perdre la notion du temps et de vous retrouver 30 minutes plus tard, sans avoir vraiment réalisé l'effort que vous avez fait.

Le sport et l'exercice physique nous aident non seulement à augmenter les hormones du bonheur dans le cerveau, mais ils ont également le pouvoir de créer d'autres effets secondaires très positifs. Par exemple, ils peuvent **accroître la libido**, **améliorer le sommeil**, **réduire la tension artérielle**, **renforcer le système immunitaire** et, bénéfice non négligeable, aider à **maîtriser notre poids** !

Des études menées en Amérique du Nord indiquent qu'en moyenne les hommes ont tendance à prendre cinq kilos par décade dès qu'ils terminent leurs études. Puisque tous ces kilos superflus sapent de notre énergie, imaginez l'énergie que nous pourrions récupérer pour nourrir notre performance et notre joie de vivre.

Si l'entraînement cardiovasculaire est synonyme de générateur d'énergie, il faut également considérer **l'entraînement musculaire**. Des recherches indiquent qu'en moyenne, nous perdons 250 g de masse musculaire par année, après l'âge de 40 ans, en l'absence d'entraînement musculaire régulier. Développer notre masse musculaire nous permet d'augmenter notre niveau global d'énergie, renforce notre cœur et accélère notre métabolisme. De plus, lorsque notre **métabolisme de base est accéléré**, nous dépensons des calories simplement à dormir ou à respirer !

Si un jour vous êtes fatigué et sans énergie avant une réunion, expérimentez l'effet du scénario suivant : réfugiez-vous à l'abri des regards, dans les toilettes par exemple, et dégagez de l'énergie dans votre métabolisme en sautant, en tapant des mains et en dansant.

Vous créerez ainsi des demandes en adrénaline et en noradrénaline par votre corps. Après quelques minutes pour reprendre votre calme, vous constaterez que, biochimiquement, votre niveau d'énergie aura augmenté, probablement au niveau où vous serez en mesure de transmettre votre vitalité aux autres membres du groupe pour les « contaminer » positivement.

Avis spécial aux sportifs « non naturels ». Face au sport, j'ai créé deux catégories dans mon esprit : soit les sportifs naturels et les non naturels. Pour le premier groupe, j'en connais qui, comme l'homme de ma vie, aiment éprouver cette sensation de « brûlure » dans leurs muscles à la suite d'un effort physique soutenu. Ils se dépensent, s'essoufflent et s'y donnent totalement. Ce sont les sportifs naturels.

Moi, je fais plutôt partie de la seconde catégorie. Mon style naturel étant plutôt « jacuzzi et cocktail ». Je ne raffole pas de cette sensation de douleur dans les muscles et d'essoufflement... Je m'efforce de faire du sport pour ses commodités : pour rester mince et en santé, pour augmenter mon niveau d'endorphine, ressentir la vigueur et le calme que l'exercice provoque, et surtout pour procurer suffisamment d'énergie à mon champ électromagnétique[6] afin d'en avoir en quantité pour la transmettre à mes étudiants ou aux participants de mes conférences.

Aussi ai-je découvert qu'il peut être judicieux pour les sportifs non naturels ou pour ceux qui n'ont pas le temps « de prendre le temps » pour les activités physiques, de trouver des façons de « rehausser » l'expérience sportive en jumelant deux activités « chronovores » (qui dévorent notre temps).

6. Nous verrons les effets du champ électromagnétique au chapitre 15.

Par exemple, si nous aimons les romans, mais que nous ne nous accordons jamais de moments pour en lire, nous pouvons choisir de le faire en pédalant sur un vélo stationnaire. Ou encore, les films d'action sont reconnus pour activer notre physiologie, alors un truc judicieux serait d'en visionner aussi longtemps que nous pédalons ou que nous marchons sur le tapis roulant. Si la danse nous passionne, pourquoi ne pas se déhancher sur un tapis roulant incliné à 12 degrés, au rythme d'une salsa endiablée ou d'une musique africaine retentissante ?

Comme je l'ai mentionné précédemment, nous pouvons bouger la tête de droite à gauche en synchronisant nos mouvements sur le rythme de notre musique préférée afin d'induire une sorte de transe qui nous fait oublier à la fois le temps et la douleur musculaire. Les fervents de la nature peuvent aller faire du jogging ou de la marche rapide en montagne et ainsi se connecter à la beauté de l'environnement pour profiter d'une respiration à pleins poumons. Les nouvelles mamans peuvent bénéficier des entraînements de « cardio-poussette » offerts dans plusieurs villes. Sans oublier les livres audio qui nous permettent de raffiner nos connaissances intellectuelles pendant que nous améliorons les performances de notre métabolisme. Passer l'aspirateur en dansant et en chantant, un iPod aux oreilles, c'est beaucoup plus stimulant, non ? Enfin, vous retenez l'idée ? Il s'agit de revaloriser l'activité physique en y ajoutant une récompense pour ainsi transformer une tâche épuisante en une drogue positive.

En résumé, nous savons « intellectuellement » que ces mouvements (rire, chanter, danser, faire l'amour, se faire masser, gambader, siffler, s'adonner à des activités cardiovasculaires, faire des respirations diaphragmatiques, sauter dans les airs, etc.) ont la vertu d'aider notre corps à produire les hormones du bonheur. Par contre, c'est une autre chose d'en ressentir les effets, car encore faut-il mettre en pratique ces suggestions. Je vous propose un défi : faites-en l'expérience pendant 30 jours et constatez les résultats que vous aurez vous-même obtenus.

CHAPITRE 11

Nourrir le cerveau émotionnel : les stratégies alimentaires

En matière d'énergie et d'émotions, si nous souhaitons comparer notre performance à celle d'une Ferrari, il faut procurer à notre corps la qualité de carburant nécessaire. Dans la même optique, les effets de notre alimentation sur le cerveau émotionnel et sur notre niveau global d'énergie sont d'une importance capitale. Certains nutriments précis ont des effets sur les neurotransmetteurs du cerveau, dont les acides gras qui sont essentiels à son bon fonctionnement. À long terme, un régime riche en acides gras **oméga-3** augmente notre production de dopamine, ce neurotransmetteur de l'énergie et de la bonne humeur[1]. C'est d'ailleurs sur la dopamine qu'agissent la cocaïne et les amphétamines pour provoquer leurs effets énergisants et euphorisants.

Ainsi, une alimentation pauvre en oméga-3 réduirait notre expérience du plaisir. Selon les recherches citées par M. Servan-Schreiber[2] : « Les patients déprimés ont des réserves plus faibles en oméga-3 que les sujets normaux. Et plus leurs réserves sont faibles, plus leurs symptômes sont sévères. Plus frappant encore, plus l'alimentation courante des gens contient des oméga-3, moins ils ont tendance à être déprimés[3] ». L'auteur suggère donc la prise de

---

1. Je vous invite à lire le **chapitre 9** du livre ***Guérir*** de David Servan-Schreiber, où l'auteur nous décrit l'apport des oméga-3 sur le cerveau et donne un bon nombre de recommandations.
2. *Ibid.*, p. 156.
3. *Ibid.*, p. 156.

suppléments alimentaires d'oméga-3 ayant la plus haute concentration d'EPA. On retrouve naturellement des oméga-3 dans plusieurs poissons et fruits de mer tels que les maquereaux, les anchois entiers, les sardines, les harengs, le thon, le haddock ou l'aiglefin, la truite ainsi que dans les épinards, les algues marines, la spiruline, l'huile d'olive et l'huile de colza, par exemple.

Dans *Change Your Brain, Change Your Life*[4], le psychiatre Daniel G. Amen résume ses recherches sur le fonctionnement optimal des différentes zones du cerveau. En plus de mentionner l'importance des oméga-3 pour le cerveau limbique, il ajoute que les **hydrates de carbone complexes** (dans les céréales entières et le pain intégral) augmenteraient notre niveau de sérotonine, soit l'hormone du bonheur. Il indique également que pour élever notre niveau de dopamine, il faut prendre de petits repas de **protéines non gras** et surtout **éviter les hydrates de carbone simples** comme le pain blanc, les pâtisseries et les sucreries. Il note aussi que si nous avons tendance à être anxieux, il faut **éviter les longues périodes sans manger**, car attendre d'être affamé crée des baisses importantes de sucre (des épisodes hypoglycémiques) qui accentuent encore plus l'anxiété d'un point de vue biologique. Les gens hostiles, irritables et impatients devraient **s'abstenir de manger trop de sucre**, car cela amplifie l'agressivité comme de l'huile sur leur feu intérieur.

Saviez-vous que **boire de l'eau** produit une grande source d'énergie dans le corps et que le cerveau est très sensible à la déshydratation ? Pire encore, au moment où nous ressentons la soif, nous sommes déjà déshydratés depuis un certain temps. Pour maximiser notre niveau d'énergie et assurer le bon fonctionnement de nos neurones par une saine hydratation, les experts recommandent de boire un litre et demi d'eau par jour.

---

4. Daniel G. Amen, *Change your brain, change your life: the breakthrough program for conquering anxiety, depression, obsessiveness, anger, and impulsiveness*, New York, Three Rivers Press, 1998.

Plusieurs ont le réflexe de prendre un **café** dès qu'ils ressentent une certaine fatigue ou qu'ils doivent faire une tâche qui requiert beaucoup d'énergie et de concentration. Malheureusement, c'est une bien mauvaise habitude, car la **caféine** est diurétique, poussant notre corps à évacuer son eau, ce qui entraîne plutôt la déshydratation et la fatigue à moyen terme. Daniel G. Amen cite plusieurs recherches démontrant que la caféine est un vasoconstricteur cérébral (qui réduit la circulation sanguine du cerveau). Donc, plus on consomme de café, plus on réduit l'activité du cerveau. Bien que notre premier réflexe soit de prendre du café pour créer une augmentation de l'activité cérébrale, c'est le contraire qui se produit. S'engendre alors un cercle vicieux où pour stimuler notre cerveau, nous prenons plus de café, mais notre cerveau produit encore moins l'effet recherché, allant même jusqu'à ce que sa condition se détériore. Le chercheur confirme que pour maintenir son cerveau en santé, il est important de ne pas consommer plus de trois tasses de café par jour.

Selon plusieurs spécialistes en nutrition, une autre façon d'augmenter notre niveau d'énergie est de changer **le ratio acido-basique** de notre alimentation. Plus notre nourriture est alcaline (basique), plus elle procure de l'énergie à l'organisme. Les aliments alcalins à préconiser sont les légumes verts, le thé vert, les lentilles, les amandes crues, certains fruits, etc. Aussi, plus nous optons pour des aliments crus, plus nous absorbons les vitamines et les nutriments vivants et complets dont ils sont constitués. Un autre truc pour alcaliniser davantage notre alimentation, consiste à boire du jus d'herbe de blé, des *greens drinks (des jus verts)* ainsi que de l'eau citronnée. Les aliments acides à proscrire, à réduire au maximum, voire à éliminer pour transformer notre ratio acido-basique en faveur de notre énergie physique sont les viandes rouges, le poulet, l'alcool, le café, les sodas, les sucreries, les fritures. Pour en savoir plus, je vous invite à consulter une diététicienne ou à visiter mon blogue (j'y illustre ces principes plus en détail et je vous propose des liens vers des sites spécialisés).

WWW isabellefontaine.ca

J'ai personnellement constaté les effets d'une alimentation plus saine, depuis l'été 2007. J'ai alors fait le choix d'alcaliniser considérablement mon alimentation en mangeant majoritairement des légumes crus avec du poisson. Le matin, je bois du jus d'herbe de blé avec un *green drink.* (Certains de ces concentrés de légumes verts en poudre sont pratiquement impossibles à avaler, tellement ils ont mauvais goût, mais si vous êtes intéressés d'en ajouter à votre consommation, visitez mon blogue pour connaître les marques succulentes qui ont même passé le test auprès de mes filles...). J'ai éliminé les viandes rouges, le poulet et les charcuteries. Je bois du café décaféiné et j'essaie de consommer 8 tasses d'eau citronnée par jour. J'essaie du mieux que je peux de limiter ma consommation de sucre... bien que je sois victime de nombreuses rechutes. J'ai réalisé que le sucre appelle le sucre et que plus j'en mange, plus j'en ai envie. Pour tester encore davantage ma diminution d'acidifiant, j'ai relevé le défi de ne plus consommer d'alcool pendant une année. Grâce à tous ces changements, je dois vous avouer que mon niveau d'énergie personnelle s'est probablement multiplié par 10 ! Durant les premiers 6 mois de cette nouvelle alimentation, j'ai même dû commencer à faire du jogging, car je ne savais plus quoi faire avec mon trop-plein d'énergie !

Pour pousser encore plus loin la réflexion sur ce sujet, il serait préférable de manger **5 à 6 petits repas** par jour afin de fournir un constant apport d'énergie à l'organisme. Le **contrôle de nos portions** importe aussi beaucoup. Il est essentiel de limiter les quantités que nous absorbons en devenant plus sensibles à nos signaux de satiété, ces signaux que nous ne pouvons percevoir qu'en mangeant très lentement. Peut-être avez-vous déjà remarqué que si nous attendons d'être affamés avant de se mettre à manger, nous mangeons comme des gloutons des repas copieux pour ensuite réaliser que 80 % de notre énergie est mobilisée par la digestion d'aliments trop riches ou trop sucrés ? Le but, c'est d'apprendre à manger jusqu'à ce que nous nous sentions rassasiés, sans être tiraillés par la faim. Il s'agit d'une rééducation alimentaire pour plusieurs d'entre nous qui croient qu'ils ont bien mangé alors que leur panse est sur le point d'exploser...

Planifier et **préparer à l'avance nos repas légers** et nos collations santé demeure une garantie de qualité sur la nourriture que nous ingérons. Nous avons tendance à avoir moins de volonté et de discipline lorsque nous sommes affamés et qu'il nous faut faire des choix d'aliments en état de baisse glycémique. Dans le livre *The Power of Full Engagement*, les auteurs citent une recherche sur l'amélioration des habitudes alimentaires. Ils ont demandé aux participants de nommer ce qu'ils mangeraient (quoi ?) et à quelle heure (quand ?) ils le mangeraient. Il s'est avéré que les participants avaient une nette propension à manger des aliments sains et faibles en calories lorsqu'ils avaient planifié précisément, et à l'avance, leurs différents repas de la journée au lieu d'avoir à dépenser leur énergie à résister à certains types d'aliments toute la journée.

Enfin, dans son livre *Anticancer*[5], David Servan-Schreiber parle de **synergie des forces** naturelles en affirmant que la modification d'un seul élément dans nos stratégies de vie affecte immanquablement l'ensemble. Ses recherches lui ont fait découvrir qu'apporter un surcroît de conscience dans un domaine de notre vie (alimentation, activité physique, travail psychologique et émotionnel) entraîne presque systématiquement des progrès dans les autres. Il cite un chercheur de l'Université de Cornell qui a observé que « les rats qui sont nourris avec des protéines végétales plutôt que des

---

5. David Servan-Schreiber, *Anticancer : prévenir et lutter grâce à nos défenses naturelles*, Paris. Éditions Robert Laffont, 2007.

protéines animales se mettent spontanément à faire plus d'exercice physique ! Comme si l'équilibre de leur alimentation rendait plus facile leur activité physique. »[6]

Munissez-vous de barres énergétiques, de fruits, de crudités, d'amandes crues, de céréales entières, de poudre de protéines et de bouteilles d'eau. Si vous deviez aller dans une chaîne de restauration rapide, comme le McDonald's, avec des enfants, grignotez ces collations santé avant. Cela diminuera votre faim et peut-être opterez-vous pour une salade à la place d'une portion de frites...

J'ai personnellement remarqué que si je m'oblige à manger deux dattes avant de prendre un verre de vin, soit je n'ai plus envie du vin ou soit je vais en boire, mais en plus faible quantité. Le fait d'ingérer du sucre naturel et sain au préalable, modère nos fringales, celles-là même qui nous portent à abuser des aliments acidifiants et sucrés.

Somme toute, une fois que la base est installée par l'alimentation et le mouvement dans le corps, la première étape en vue de l'énergie physique est créée, tel le carburant dans le véhicule. Les jours où vous avez trop mangé, que vous êtes à l'étroit dans vos pantalons pour avoir pris trop de poids, que vous manquez de sommeil, car vous avez trop bu la veille... n'est-ce pas des périodes où il est plus facile d'exploser sur le plan émotionnel pour de petits riens ? Un métabolisme sain, reposé, en mouvement, est plus susceptible de résister aux attaques d'émotions négatives risquant de nous dominer. Les hormones du bonheur sont sécrétées de façon optimale et la

6. *Ibid.*

tuyauterie du cerveau, nos neurotransmetteurs, fonctionnent à plein régime.

Approfondissons maintenant comment nous pouvons maximiser le fonctionnement de notre cerveau au moyen de nos cinq sens et de notre système nerveux.

CHAPITRE 12

Créer l'élan émotionnel désiré en activant le système nerveux

Comment pouvons-nous faire jaillir une émotion positive précise en nous lorsqu'aucun événement extérieur n'a provoqué la réaction émotionnelle ? Je vous propose un exercice. J'aimerais que vous parveniez à être ému de bonheur jusqu'aux larmes, les yeux pleins d'eau, le visage empreint d'émotions. Allez-y ! Je vous donne 15 secondes pour y parvenir.

Pas facile ? Mais pour avoir suivi une formation avec des gens de théâtre, je peux vous confirmer que les bons acteurs sont aptes, eux, à créer une émotion de bonheur intense, à en avoir les larmes aux yeux, en moins d'une minute seulement. Et je vous assure qu'il s'agit bien de larmes de bonheur et non de tristesse, car il y a une nette distinction dans l'expression du visage pour chaque cas.

Comment s'y prennent-ils ? Eh bien, ils ont su développer de solides accès neurologiques vers ces émotions en **se remémorant des souvenirs précis**. Mais il y a une distinction essentielle à connaître : le cerveau ne fait pas la différence entre un souvenir évoqué avec intensité et l'expérience vécue dans le ici et maintenant.

Le cerveau ne fait pas la différence…

Donc, grâce à cette particularité du cerveau, nous pouvons réussir à recréer en nous et à revivre l'expérience émotionnelle d'un souvenir en imaginant à nouveau les éléments sensoriels de l'événement provenant du passé. Et si les acteurs réussissent à se créer des accès neurologiques directs pour activer les émotions qui vont soutenir leur performance théâtrale, il nous est possible également d'entraîner notre système nerveux pour le doter de circuits neuronaux qui vont améliorer notre qualité de vie, notre charisme, notre prestance, notre performance en général.

Un répertoire 911 de souvenirs énergisants

Nous approfondirons davantage cette question au chapitre 17, mais retenons pour l'instant que nous pouvons nous créer un recueil de souvenirs, et ce, par catégorie d'émotions, pour y accéder par la suite. À titre d'exemple, je fais un puissant exercice avec mes clients en *coaching*. Je leur demande de créer un répertoire de leurs souvenirs de fierté. Ils doivent se demander: « *Quels sont leurs 10 plus beaux succès de vie?* » De plus, ils doivent les décrire en consacrant une page complète pour chacun, d'où l'importance d'être exhaustif dans leurs descriptions en mettant l'accent sur les sensations ressenties à l'époque: « Où étais-je? Qui était là? Qu'est-ce que je voyais autour de moi? Quel temps faisait-il ce jour-là? Y avait-il un parfum particulier dans l'air? Qu'est-ce que j'entendais? Est-ce qu'une musique jouait? Comment était le timbre de ma voix? Qu'est-ce que je me disais à moi-même en cet instant magique? Ai-je ressenti dans mon corps que le moment était plus intense que d'habitude? »

Les participants doivent ainsi replonger dans le film de leurs souvenirs et écrire toutes les sensations éprouvées lors de ces moments de succès. Par la suite, ils n'ont qu'à relire leur liste et à se remémorer ces événements pour recréer les états de confiance et de détermination qui les habitaient, juste avant de prononcer un discours ou de s'attaquer à une tâche qui requiert tout ce qu'ils ont dans les tripes, par exemple.

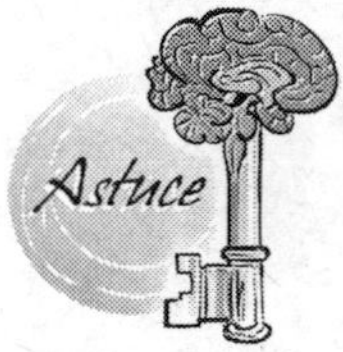

Pourquoi ne pas vous créer un tel répertoire de souvenirs de votre vie ? Quels sont vos souvenirs de succès, de fierté, de détermination, d'audace, de présence à l'amour, à la gratitude ? Une fois déterminés, faites-vous une liste par catégories d'émotions.

Devant un énorme stress ou lorsque nous sombrons dans une période difficile, ce document servira de nourriture à notre bon loup. Car, comme nous l'avons lu au chapitre 6, sous l'emprise de la colère ou de l'anxiété par exemple, notre cerveau émotionnel s'emballe affectant notre jugement et le limitant. La mémoire devient sélective et il nous est extrêmement difficile d'accéder à nos souvenirs heureux, allant même jusqu'à oublier en avoir déjà vécus par le passé. Si par exemple, nous sommes d'humeur irritable, tout ce dont nous nous rappelons est négatif et à la première occasion nous nous fâchons. Le **répertoire écrit** des souvenirs positifs de notre vie devient alors un **outil externe à consulter** afin de désamorcer la tempête émotionnelle qui fait rage à l'intérieur de nous.

Le pouvoir du système nerveux et ses différents sens

Notre système nerveux peut être exploité avec précision si nous savons y engager nos cinq sens, soit à l'évocation d'un souvenir ou à l'encryptage d'une nouvelle expérience.

Exploitons le sens visuel

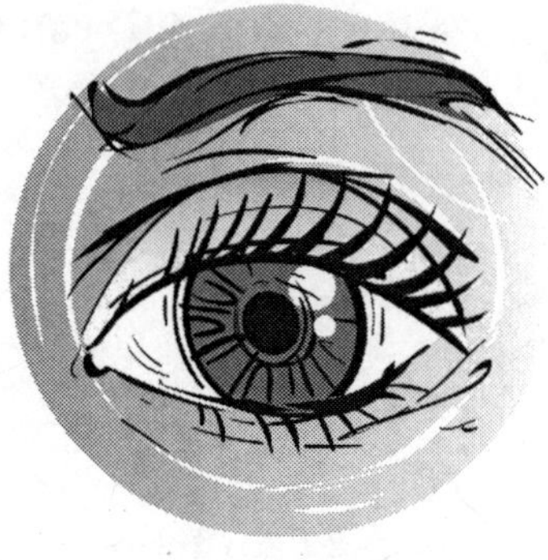

Pour tonifier votre fibre du bonheur, utilisez votre sens visuel, en créant un recueil d'expériences merveilleuses. Prenez des **photos** pour immortaliser les événements mémorables de votre vie. Quand nous regardons des albums de photos de la naissance de nos enfants, de nos voyages, de notre mariage, cela nous ramène dans une ambiance émotionnelle instantanément ou presque. Personnellement, j'ai des photos de mes filles et de mon amoureux partout dans mon agenda, et dès que j'en ouvre une page, j'éprouve un sentiment de bonheur, car ils sont là avec moi.

Saisissez l'expression et l'émotion des gens autour de vous sur de petites **vidéos** maison. Filmez aussi des extraits de votre quotidien, ces petits rituels anodins qui font intimement partie de votre vie. Dans quelques années tout au plus, ces petits films sauront toucher votre cœur et votre esprit. Célébrez votre vie chaque jour et faites en sorte que chaque expérience compte, car nos expériences sont nos liens avec la vie, aussi devons-nous en maximiser la portée.

De plus, prenez le temps de regarder avec attention vos interlocuteurs et établissez avec eux un **contact visuel**. Souriez davantage, même sans raison. Observer le visage de quelqu'un s'illuminer d'un **sourire**, c'est charmant. Comme le mentionne Daniel Goleman : « Le sourire est le signal émotionnel le plus contagieux de tous, il possède le pouvoir presque irrésistible de faire sourire les autres en retour.[1]» Cela crée de la bonne humeur et allège le cœur. Trop souvent, nous doutons de l'influence que nous pouvons avoir dans la vie de quelqu'un juste pour avoir soutenu son regard ou que notre sourire sincère a pu agrémenter sa journée. Un sourire et un regard, cela peut faire la différence dans une vie, croyez-moi.

Je me rends compte que je fonctionne à l'énergie solaire, car j'ai besoin de clarté, de fenêtres et de lumière. À l'époque où mon bureau était au sous-sol, j'ai dû le peindre en jaune vif, une **couleur lumineuse**, pour me garder stimulée. De fait, les couleurs exercent une influence sur le cerveau limbique. Nous gagnerions à les utiliser davantage.

Aussi, pour ravir encore plus notre sens visuel, entourons-nous de **beauté**. Décorons notre environnement, servons-nous de belles couleurs et épurons l'espace autour de nous en optant pour un décor simple et inspirant. Cela a un effet apaisant sur le cerveau émotionnel. Savourons les œuvres des grands artistes qui ont traversé l'épreuve du temps. La véritable beauté inspire, élève, guérit.

Exploitons le sens de l'odorat

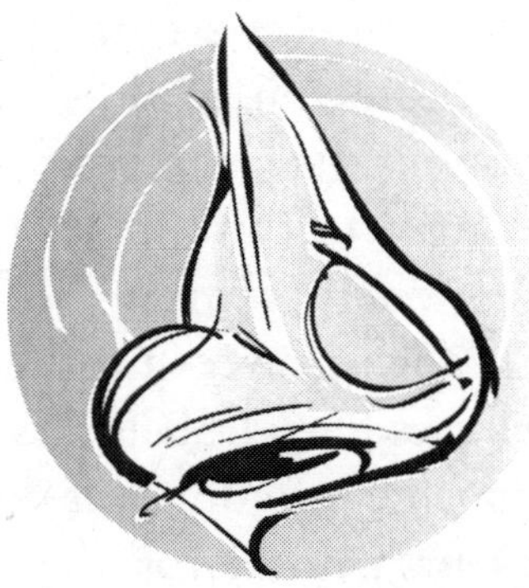

Avec force et précision, certaines odeurs ramènent à l'esprit certains souvenirs de notre passé, comme si l'émotion et le sentiment vécus jaillissaient de nouveau. Le psychiatre Daniel G. Amen rappelle

1. Daniel Goleman, *L'Intelligence émotionnelle-2*, Paris, Éditions J'ai lu, 1999, p. 202.

que l'odorat et la mémoire sont traités par une même région du cerveau, soit le système limbique. Dans son livre *Change Your Life Change Your Brain*, il explique que les nerfs olfactifs activés par une odeur se rendent directement au cerveau émotionnel. C'est pourquoi les odeurs ont un tel effet sur l'humeur. Les fragrances agréables calment le système limbique, un peu comme si elles avaient une vertu anti-inflammatoire pour cette partie du cerveau. Il propose donc que, consciemment, nous nous entourions **d'odeurs agréables**.

D'ailleurs, les spécialistes du marketing utilisent de plus en plus les fragrances pour susciter l'impulsion d'acheter. Pensons simplement aux agents d'immeubles qui nous recommandent de faire cuire une tarte aux pommes dans la maison avant de recevoir la visite d'acheteurs potentiels. L'odeur de la tarte aux pommes, considérée comme réconfortante, évoque des souvenirs qui font du bien au cœur. Le cerveau émotionnel est alors séduit lors de la visite de cette maison et une fois que le cœur révèle son penchant, la rationalité trouve tous les arguments pour l'appuyer et aller dans le sens de cette impulsion.

Pour ma part, j'ai mes propres repères olfactifs pour contrer ma tendance à me sentir isolée et à faire de l'insomnie dans les différentes chambres d'hôtel où je dois dormir lors de mes conférences et mes déplacements professionnels. Aussi étrange que cela puisse paraître, j'apporte souvent mon oreiller, car il est imprégné des odeurs de mon lit, de ma maison, de mon parfum. Je prends aussi bien soin d'avoir avec moi une petite couverture soyeuse qui appartient à mes filles. L'odeur des deux petites amours de ma vie m'accompagne, me réconforte, et j'ai l'impression de me retrouver collée contre leurs petits corps pour m'endormir comme un bébé.

J'ai aussi adopté un autre rituel, ma collection de parfums. Ainsi, à chacun de mes voyages, j'**achète un parfum que j'associe à l'endroit et à l'expérience que j'y ai vécue**. Par exemple, lors de mon voyage en Espagne, j'ai acheté le parfum Duende du designer Jesus Del Pozo que j'ai porté tous les jours là-bas. Maintenant Duende, pour moi, est synonyme de fête et me rappelle l'excitation et la joie de vivre de mes collègues espagnols. Lors d'une formation extraordinaire à Orlando, j'ai été attirée par la fragrance émanant d'une bouteille rose fort originale. Maintenant, dès que je l'ouvre, je sens la vie, les possibilités, l'énergie et les défis que j'ai eu à relever lors de cette formation.

À une autre formation à Santa Fe, je cherchais en vain un parfum qui me rappellerait cette super expérience, jusqu'au moment où j'ai réalisé que je pourrais faire l'acquisition du parfum de Claudie, celle avec qui je partageais ma chambre et qui est devenue une amie durant ce voyage. Son parfum Kenzo me ramène aux moments magiques passés au Nouveau-Mexique. Aujourd'hui, je m'amuse à déjouer mon cœur et mon système nerveux en m'associant aux états émotionnels de mon choix selon la fragrance que je choisis de porter.

Exploitons le sens kinesthésique

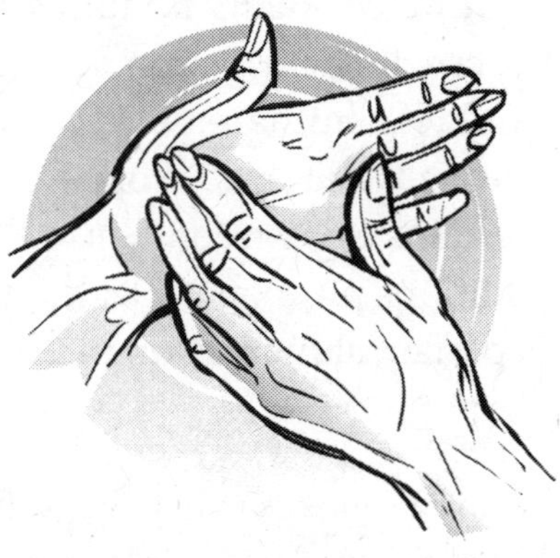

Il ne faudrait pas oublier aussi les sensations kinesthésiques de notre corps, comme par exemple, la chaleur apaisante d'un bain chaud, d'une couverture chauffante, de draps santé, ou encore l'effet ravigotant de l'air glacial en plein hiver, l'alternance entre le chaud et le froid des bains scandinaves, etc.

Sachons également reconnaître l'importance d'un **contact physique attentionné**: se coller, caresser, embrasser, serrer quelqu'un dans ses bras, offrir une accolade, donner une tape dans le dos, une bonne poignée de main ou flatter un animal domestique. Les gens seuls devraient recourir à la massothérapie pour sentir une connexion physique et réconforter leur cerveau limbique. Je suis une adepte de la massothérapie et en relevant mon défi de ne pas boire d'alcool pendant une année pour alcaliniser mon système, je m'accordais deux heures de massage par semaine en guise de récompense pour ma persévérance.

Des études confirment qu'un **massage pratiqué avec une attention bienveillante** apaise directement le cerveau émotionnel et stimule également les forces vitales chez l'être humain, au cœur même de ses cellules[2]. En effet, le **toucher** est crucial pour la vie elle-même et est devenu une façon ancestrale de soigner. « Quelque chose dans le toucher renforce notre désir de vivre[3] ». Une expérience très connue en psychologie sociale a été menée en pouponnière, dans les années 1980, auprès des unités de réanimation pour bébés prématurés et elle a permis de découvrir **l'importance du toucher** dans le développement de ces petits poupons. Les chercheurs ont pu démontrer, plutôt cruellement à mon sens, que si des bébés ne reçoivent pas de contacts humains par le toucher dans leurs premières semaines de vie, ils ne se développeront pas normalement (allant même, dans certains cas extrêmes, jusqu'à se laisser mourir). Et ce, malgré des conditions physiques idéales (température, humidité, débit d'oxygène parfait, alimentation mesurée au milligramme, environnement stérile :

> « (…) il arrivait souvent que ces petits êtres si fragiles ne grandissent pas. On a fini par en découvrir la cause, due en grande partie à la consigne donnée aux infirmières et aux parents de ne pas les toucher ! C'est une infirmière de nuit qui a tout fait changer. Incapable de résister à leurs cris de solitude, elle avait découvert qu'ils se calmaient quand elle leur caressait le dos. Et,

2. David Servan-Schreiber, *Anticancer*, 2007, p. 293.
3. *Ibid.*, p. 292.

sans qu'on en comprenne tout d'abord la cause, ils se mettaient à grandir ! »[4]

De nos jours, on peut même expliquer le phénomène neurologique du toucher par des instruments de mesure scientifiques. Aussi, des chercheurs de l'Institut HeartMath ont découvert que le lien établi par le toucher est beaucoup plus profond qu'on le croyait :

> « Lorsque nous touchons quelqu'un, l'énergie électrique de notre cœur se transmet au cerveau de cette personne et vice-versa. Si nous branchions deux personnes sur des moniteurs pendant qu'ils sont en contact physique, nous pourrions voir le schéma du signal électrique cardiaque de l'une (tel que rendu graphiquement sur un ECG[5]) apparaître dans les ondes cérébrales de l'autre (tel que rendu sur un EEG)[6] ».

L'auteur approfondit en affirmant que même lorsque deux sujets se tiennent proches l'un de l'autre, sans vraiment se toucher, ils peuvent détecter un effet similaire sur les instruments[7]. Ces résultats intrigants démontrent que, lorsque nous touchons quelqu'un d'autre, il se produit un **échange d'énergie électromagnétique**, allant du cœur au cerveau. Il ajoute :

> « Que nous en soyons conscient ou non, notre cœur affecte donc non seulement notre propre expérience, mais aussi ceux qui nous entourent. À notre tour, nous sommes influencés par les signaux que les autres nous envoient. Nous entrons en résonance avec leur énergie, comme eux avec la nôtre.[8] »

C'est peut-être ce qui explique le pouvoir de certains individus qui drainent complètement notre énergie tellement ils sont frustrés

---

4. *Ibid.*, *Anticancer*, p. 293.
5. ECG voulant dire électrocardiogramme et EEG, électroencéphalogramme.
6. D. Childre et H. Martin, *L'Intelligence intuitive du Cœur: La solution HeartMath*, Outremont, Éditions Ariane, 2005, p. 239.
7. *Ibid.*, p. 240.
8. *Ibid.*, p. 240.

et pleins de ressentiment. Tandis que d'autres n'ont qu'à se tenir près de nous, sans rien dire ni faire quoi que ce soit, pour nous procurer un réel bien au cœur.

Nous verrons au chapitre 18 comment nos émotions sont contagieuses et combien les gens sont aptes à faire l'expérience de ce que nous ressentons intérieurement, même si nous cherchons à le cacher.

Exploitons le sens de l'ouïe

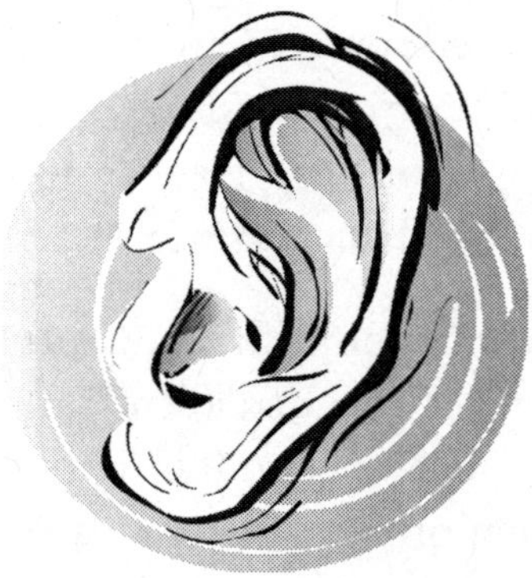

En ce qui concerne les différentes stimulations auditives qui s'offrent à nos oreilles, leur pouvoir sur notre système nerveux aussi est très important. Qu'il s'agisse du bruit d'un ruisseau, du chant des oiseaux le matin, des moments de silence qui permettent le recueillement, d'un timbre de voix qui nous rassure ou au contraire nous agresse, nous pouvons choisir d'exploiter consciemment ce qui apaise ou nourrit notre cerveau émotionnel par ce que nous percevons grâce à notre sens de l'ouïe.

Nous ne pouvons donc pas ignorer l'effet de la musique sur notre système nerveux, car ce qu'elle permet de produire en nous en matière d'énergie et d'humeur est tellement puissant que son pouvoir se doit d'être absolument exploité et mis au service des astuces soutenant notre intelligence émotionnelle. C'est pourquoi le prochain chapitre d'une importance capitale s'y consacrera entièrement.

CHAPITRE 13

Lorsqu'on a la musique « dans le corps »...

« La musique est la langue des émotions. »

– Emmanuel Kant

D'emblée, je suis d'accord avec la citation de Kant qui affirme que « la musique est la langue des émotions ». Selon moi, elle possède un pouvoir que n'auront jamais les mots, car elle peut manipuler nos humeurs avec une efficacité et une rapidité déconcertantes. Elle peut soulever et faire danser des groupes, elle peut mener en état de recueillement, nous faire pleurer d'émerveillement et nous envoûter par sa beauté et l'harmonie de ses sons. Ses effets sur l'humeur sont pour ainsi dire infinis.

Sans que nous nous en rendions vraiment compte, la musique nous envahit et prend possession de notre corps par son rythme. Saviez-vous que la musique produit des changements concrets et mesurables dans notre physiologie grâce à l'effet qu'elle exerce sur le cerveau émotionnel? À ce propos, Daniel Levitin[1], professeur et chercheur à l'Université McGill, cite de nombreuses recherches en laboratoire démontrant que la musique a ce don de pouvoir modifier:

- le rythme cardiaque (certaines chansons l'accélèrent, d'autres le ralentissent);
- la respiration;
- la pression artérielle;
- les ondes cérébrales;
- le niveau d'adrénaline, de norépinephrine, de dopamine et de sérotonine (la dopamine et la sérotonine étant les neurotransmetteurs du plaisir et de la bonne humeur); etc.

Grâce à l'effet que la musique exerce sur le corps, le professeur Levitin explique qu'elle crée certaines réactions physiques comme le fait de transpirer, de devenir sexuellement excité et d'avoir des frissons partout sur le corps. Avouez que c'est plutôt difficile de retenir sa tête et son corps de bouger dès que nous entendons la chanson *Love Generation* de Bob Sinclair ou encore l'un des grands succès de la Compagnie Créole?

D'autres recherches indiquent que certaines musiques abaissent le niveau de **cortisol**, l'hormone du stress par excellence et affectent également l'hormone du sommeil, la **mélatonine**. La musique peut ainsi réduire l'insomnie et favoriser notre sommeil. Quel pouvoir biochimique tout de même! Il n'est pas étonnant que la musique existe depuis le début de l'humanité et qu'elle ait toujours

1. Levitin, Daniel, *Life Soundtracks: The uses of music in everyday life*, 2007. Voir http://levitin.mcgill.ca/pdf/LifeSoundtracks.pdf. Le professeur Levitin est aussi l'auteur du livre *This is your brain on music.*

accompagné les événements importants de la vie de nos ancêtres, même les plus primitifs.

Une étude réalisée auprès des patients d'une unité de soins palliatifs a démontré l'effet positif de la musique classique pour **apaiser la douleur**. Arrivés à la fin de leur vie, ces patients ressentaient tellement de douleur qu'ils étaient autorisés à s'injecter leur propre dose de morphine au moyen d'un appareil dont ils avaient la maîtrise. L'étude indiquait que les patients qui écoutaient du classique recouraient à moins de morphine que ceux qui n'en écoutaient pas. La musique avait élevé leur taux d'endorphine et ainsi produit un effet antalgique (antidouleur) dans leurs cerveaux.

Saviez-vous que plusieurs neurochirurgiens effectuent leurs chirurgies les plus complexes avec une musique en fond sonore?[2] On parle de **l'effet Mozart** dans plusieurs recherches qui prétendent que certaines de ces pièces musicales ont la faculté de « réchauffer » le cerveau, lui permettant de pouvoir réaliser plus facilement des tâches complexes comme les mathématiques, les jeux d'échecs, les opérations chirurgicales.

En musicothérapie, on utilise certaines mélodies pour créer une **catharsis** chez le patient. Le phénomène consiste à relâcher une émotion non assumée, non vécue, bloquée dans l'inconscient, pour ainsi la provoquer et la libérer. Par exemple, il peut s'agir de larmes qui auraient dû jaillir au moment d'une blessure, mais que nous avons retenues. Elles sont donc demeurées enfouies dans notre inconscient et minent notre énergie vitale. La musique est ainsi utilisée par les musicothérapeutes comme outil d'ajustement psychologique afin d'aider leurs patients à éprouver des émotions difficilement accessibles en eux pour pouvoir travailler sans blocage.

---

2. K. Firlik, *Another day in the frontal lobe: A brain surgeon explores life on the inside*, Random House, New York, 2006.

La musique et les « *expériences-sommets* »

« Si Dieu est le DJ, alors la vie est la piste de danse, l'amour est le rythme et nous sommes la musique. »
– Auteur inconnu

Abraham Maslow, père de la psychologie humaniste et créateur de la pyramide des besoins de l'homme, a soigneusement étudié les gens exceptionnels (capables d'actualisation de soi, c'est-à-dire ceux qui répondent au besoin le plus élevé dans sa hiérarchie des besoins) et leurs capacités de vivre ce qu'il appelait, les « expériences-sommets » (*peak experiences* en anglais, aussi traduites par « expériences paroxystiques » que je nomme plus simplement : les « moments magiques. » Afin d'explorer la nature de telles expériences, Abraham Maslow[3] demandait aux gens de décrire « les expériences les plus merveilleuses de leur vie, les moments heureux, d'extase, les moments de ravissement, les moments sacrés ». Il a alors découvert que la musique, particulièrement les grands classiques, constituait pour ces gens, un des **moyens les plus faciles d'accéder à ces expériences-sommets** ! Il est impressionnant de constater les effets de la musique, alors que ce ne sont que de simples vibrations captées par nos oreilles. Maslow serait probablement d'accord avec La Compagnie Créole lorsqu'elle chante : « *Avoir la musique dans le cœur, c'est un cadeau du ciel...* »

La musique, productrice d'énergie

Au chapitre 10, je vous ai dévoilé que je n'étais pas une « sportive naturelle ». Je dois vous avouer que j'ai une façon très particulière de me motiver pour faire de l'exercice... Le principal outil qui me donne l'énergie de m'entraîner, c'est la musique. J'utilise des codes musicaux (des ancrages, des programmations dans mon cerveau) pour me sortir du lit tôt le matin avant 6 h et me diriger vers mon tapis roulant. Comme j'ai l'habitude de faire de la marche rapide (en

3. Maslow, 1976, pp. 169-170 (cité par Sloboda p. 432).

inclinant mon tapis à 12 degrés) tout en écoutant le même répertoire de mes chansons énergisantes préférées, que j'ai nommé « énergie et détermination », mon corps est désormais habitué à fournir l'effort physique nécessaire à l'écoute de ce rythme musical énergique.

Ainsi, dès que le réveil sonne, je mets mes écouteurs iPod, et j'active les chansons de mon répertoire, comme par exemple, *Maniac* du film *Flashdance*, pour constater au moniteur que même sans faire d'exercice, mon rythme cardiaque augmente ! Il faut à peine quelques instants pour que mon niveau d'énergie soit si élevé qu'il me serait difficile de rester au lit ! Alors, je me lève et je m'active...

Créez-vous des programmations musicales précises selon vos expériences et préférences, vous pourrez les utiliser ensuite comme ancrages pour recréer les mêmes ressentis. Les champions olympiques ont souvent leur musique de succès qu'ils écoutent avant leur performance pour réactiver des états psychologiques en eux. Avec mes fillettes, dès que nous entendons la chanson *We are family* de Sister Sledge ou *Pata pata* de Miriam Makeba, nous nous mettons à danser avec un tel entrain, même si la bonne humeur était plus ou moins au rendez-vous initialement... C'est notre code, nous l'avons expérimenté des centaines de fois, et cela fonctionne à tous coups.

La musique active le cerveau émotionnel

Du point de vue neurologique, nous savons maintenant que c'est surtout notre cerveau émotionnel qui s'active sous l'effet de la musique. Les réalisateurs de films ont d'ailleurs compris ce phénomène depuis belle lurette si bien que la trame sonore d'un film devient « l'émotion » du film !

Avez-vous déjà vu le film d'horreur *L'Exorciste*? Plutôt effrayant, n'est-ce pas? Toutefois, si vous preniez le temps de revoir ce film sans le son et la musique, vous constateriez que même si les images y sont horribles, l'expérience perd toute sa puissance et ne suscite plus autant de peur et de stress en nous.

Alors, si la musique est si efficace et qu'elle parvient à elle seule à influencer à ce point notre physiologie, si elle est si puissante pour créer des émotions, pourquoi ne pas en exploiter davantage les bénéfices? Ne négligeons surtout pas son apport incontestable sur nos humeurs et notre niveau d'énergie.

Des trames sonores pour notre vie

De façon concrète, comment pouvons-nous exploiter encore plus consciemment et plus judicieusement le pouvoir de la musique? Voici mon astuce. Je me crée tout simplement des répertoires distinctifs en présélectionnant 40 chansons qui engendrent en moi des effets émotionnels typiques. Chacun de ces répertoires constitue une trame sonore qui me conduit à l'émotion de mon choix, c'est-à-dire celle qui sera apte à soutenir ma performance du moment. Par exemple, si j'ai besoin d'accéder à la gratitude, j'ai une trame sonore correspondante. Si je désire faire danser mes invités autour de la piscine, j'actionne mon répertoire intitulé « bonne humeur ». Si je dois affronter un défi qui me fait peur, j'écoute à plein volume le répertoire que j'ai nommé « énergie et détermination », etc.

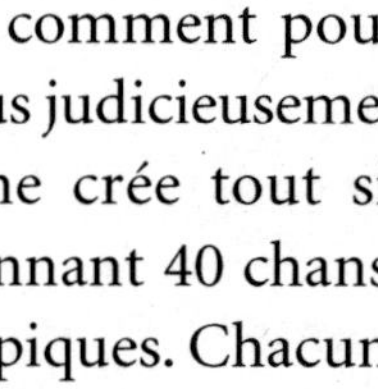

Je vous propose de prendre le temps de déterminer quelles sont les chansons qui :

– vous procurent de l'énergie, de la détermination?
– vous calment et vous réconfortent?

– soutiennent votre concentration ?
– vous rendent légers et de bonne humeur ?
– vous font ressentir de l'amour et de la gratitude ?

Ensuite, allez sur iTune Store et procurez-vous ces déclencheurs musicaux qui vont diriger votre cerveau limbique vers l'énergie émotionnelle de votre choix.

Pour ceux qui cherchent de l'inspiration musicale, j'ai un blogue où je propose des exemples de chansons qui proviennent de mes répertoires personnels. Si vous avez les mêmes goûts musicaux, vous pourriez en bénéficier. Allez voir mes suggestions à cette adresse électronique sous la rubrique : « Chansons pour induire un état émotionnel » : http://blog.isabellefontaine.ca/ De plus, chaque mois, j'envoie une infolettre aux abonnés de mon site avec de nouvelles suggestions, des capsules de réflexion, des propositions de livres.

Donc, une fois vos propres répertoires créés, vous n'aurez qu'à sélectionner celui qui vous procure le type d'énergie émotionnelle approprié, celui dont vous avez besoin pour rehausser votre performance et vous soutenir au sein de vos différentes activités.

L'idiosyncrasie de la musique

Notre relation entre la musique et l'effet émotionnel qu'elle produit en nous est **personnelle** et idiosyncratique. Les chansons que nous aimons varient selon notre culture, notre histoire et les différentes expériences émotionnellement chargées que nous avons pu vivre en les écoutant.

À mes 17 ans, une de mes meilleures amies et moi, sommes allées en Floride en voiture, à partir de Montréal, en roulant à fond de train pendant 26 heures d'affilée, soit près de 2800 km, n'arrêtant que pour faire le plein d'essence, tellement nous avions hâte d'arriver au *Spring Break* (semaine de relâche) sous le soleil ! Le même album *Back in Black* du groupe AC/DC a joué en boucle, le volume à tue-tête, tout au long de notre trajet. Aujourd'hui, 20 ans plus tard, dès que j'entends *Thunderstruck* ou *Back in Black* à la radio, deux extraits de l'album, mon cœur se met à battre sous l'emprise d'un puissant sentiment de liberté et d'excitation, en rappel de cette expérience émotionnelle intense, encodée à tout jamais dans mon cerveau limbique.

« Chéri, c'est notre chanson qui joue ! »

Dès les premières notes, un sourire apparaît sur notre visage, nous nous sentons envoûtés et nous respirons différemment. En quelques secondes, notre mémoire nous ramène à la personne et à l'époque associées à cette musique. Cette réaction se produit avant même que nous reconnaissions toutes les notes ! De fait, dès que nous entendons la chanson, nous revivons l'expérience émotionnelle que nous avons vécue à l'écouter la première fois, explique le professeur John Sloboda de l'Université Keele, aussi auteur du livre *Music and Emotions*. Les psychologues appellent cette théorie : « *Chéri, c'est notre chanson qui joue !* » Selon le professeur Sloboda, les recherches effectuées sur la mémoire et les émotions démontrent que lorsque nous vivons un événement empreint de beaucoup d'émotions, le cerveau capte et enregistre d'autres événements ou circonstances qui surviennent au même moment que cet instant émotionnellement intense. Alors, un ancrage (une association) se crée dans le cerveau.

J'aimerais vous partager une situation à la fois touchante et cocasse à laquelle j'ai eu le bonheur d'assister. Un soir, j'étais assise chez moi avec mes parents quand la chanson-thème du film *Docteur Zhivago*, « *Somewhere My Love* », se mit à jouer. J'étais surprise d'observer la réaction non-verbale de mon père assis en face de moi. Soudain, son regard a changé, il s'est redressé le corps, vers la chaîne stéréo, le visage rayonnant, puis s'est retourné vers ma mère avec des yeux amoureux remplis de tendresse et de complicité, c'était magnifique. Mes parents m'ont confié qu'au début de leurs fréquentations, leur première sortie avait été d'aller au cinéma voir le film *Docteur Zhivago*. De plus, cette chanson jouait au moment de leur premier baiser, d'où sa réaction...

Vous souvenez-vous de la musique qui jouait lors de votre premier baiser ou encore à votre mariage ? Quels étaient les groupes populaires de votre adolescence, quand vous aviez de l'énergie à revendre et un joyeux sens de la fête ? Et qu'en est-il de tous ces autres moments-clés de votre vie ?

Pour découvrir quelle musique jouait aux moments particulièrement heureux ou empreints de beaucoup d'émotions de votre vie, allez sur Internet et tapez ***Billboard*** ou ***hits***, suivi de **l'année en question** et vous obtiendrez la liste des meilleures chansons qui jouaient le plus à la radio cette année-là. Cela pourrait vous rappeler des chansons que vous aviez oubliées depuis.

J'ai rencontré mon amoureux en 1992, la même année où la chanteuse Sade lançait son disque *Love Deluxe* et connaissait un succès monstre avec *No Ordinary Love* qui est devenu notre chanson d'amour. L'écouter me ramène en 1992, alors que nous étions amoureux fous à en oublier même de manger. Dix-huit ans plus tard, j'utilise toujours cette chanson pour son effet limbique et pour recréer des moments de connexion entre nous.

Si vous ne connaissez pas le titre d'une chanson, vous n'avez qu'à aller sur Google, taper **quelques paroles** que vous connaissez et ajouter le mot ***lyrics ou paroles***, entre guillemets à la fin avant de lancer la recherche. Par exemple, en écoutant la radio, une chanson me touchait profondément. Chaque fois que je l'entendais, je pensais à ma grand-mère et cela me faisait beaucoup de bien. Je voulais me la procurer pour accéder à cet effet réconfortant à volonté, mais je n'avais aucune idée du titre ni du groupe qui l'interprétait. J'ai donc noté quelques-unes des paroles alors qu'elle jouait à la radio, je suis allée sur Google et j'ai fait la recherche suivante : « Someone close to you leaving the game of life AND lyrics. J'ai obtenu le titre *Silent Lucidity* du groupe Queensryche. Puis, sur iTune Store, j'ai pu écouter un extrait de 30 secondes pour vérifier si c'était bien la mélodie recherchée et je l'ai ensuite téléchargée dans mon ordinateur, en moins de 10 secondes pour moins d'un dollar.

S'associer à la musique

Maintenant, une distinction s'impose. On peut écouter une musique en s'y **associant** ou l'entendre en étant **dissocié**. L'effet alors produit sur notre système limbique est fort différent. Comment extraire l'énergie émotionnelle et se connecter à l'essence de la chanson ? Il faut se mettre intentionnellement en état de **ressentir la chanson** en y engageant le maximum de **notre système nerveux**. Ce faisant, les zones du cerveau responsables seront davantage activées et produiront leur effet sur les transmetteurs du bonheur et sur notre physiologie générale. L'idée, c'est de s'associer à la chanson, de s'arrêter, de se laisser s'absorber, de plonger dans la musique, de la laisser jouer dans notre cœur et notre corps, de la savourer en s'aidant par l'esprit et l'intention.

Nous pouvons nous mettre à évoquer des souvenirs, à laisser libre cours aux images que nous inspire cette musique, nous pouvons même nous laisser aller à bouger notre corps en fonction de l'inspiration générée par la mélodie. Précisons aussi que si nous voulons créer de l'énergie pour bouger, il faut augmenter considérablement le volume, alors que si nous voulons nous connecter avec la gratitude (une émotion plus douce, plus calme), il est préférable de réduire le volume. S'associer à une musique demande un effort d'intention, un investissement de notre attention. Entendre une mélodie d'une oreille distraite, en étant dissocié, entraîne moins d'effets sur le système nerveux puisque nous ne sommes pas entièrement engagés.

CHAPITRE 14

La cinémathérapie

Les films sont eux aussi de précieux ancrages émotionnels à exploiter afin d'élever notre niveau de conscience, de nourrir notre bon loup et de raffermir en nous des circuits neurologiques vers des émotions pouvant améliorer notre qualité de vie. À ce titre, j'ai eu la chance de suivre une formation à Santa Fe, au Nouveau-Mexique, où il était question de **cinémathérapie**[1]. Les bons films sont justement conçus pour faire vivre une expérience émotionnelle intense, pour secouer notre système nerveux avec des images fortes, une histoire captivante, une trame sonore[2] pleine d'émotions, des valeurs puissantes incarnées par des personnages auxquels nous pouvons nous identifier.

Les films comme catalyseurs de changements

Dans son livre *Rent Two Films and Let's Talk in the Morning*, le Dr John Hesley explique que selon les contextes, certains films peuvent être utilisés comme **métaphores thérapeutiques** et constituer de vrais **catalyseurs de changements** pour les gens en leur révélant l'aperçu global d'une situation. De façon inconsciente, nous avons tendance à nous projeter dans les personnages qui nous ressemblent ou qui incarnent des valeurs qui nous sont chères.

---

1. Pour en savoir plus sur la cinémathérapie et avoir des répertoires de films qui traitent de certains enjeux de vie, je vous suggère aussi la lecture du livre *Reel Therapy,* cité dans ma bibliographie.
2. M. G. Boltz, *The cognitive processing of film and musical soundtracks. Memory & Cognition* 32, 1194-1205, 2004.

Ainsi, nous pouvons observer, tout en prenant une distance par rapport à la situation, les **effets prévisibles** de certains de nos comportements malsains (ou de nos attitudes bénéfiques) sur nos proches et les **résultats** à long terme **à la fin d'une vie**.

Par exemple, j'ai eu un client en *coaching* qui s'était fait offrir une promotion très intéressante. Par contre, il se sentait tiraillé de l'accepter, car ce changement de poste exigeait qu'il voyage à l'extérieur, plusieurs jours par semaine. Drôle de coïncidence, le samedi soir qui suivit cette offre, alors qu'il était confortablement installé dans son fauteuil avec ses deux petites filles et sa femme, le film *Père de famille (The Family Man, 2000)* se mit à jouer à la télé. Le lundi matin suivant, il me faisait part par téléphone de sa décision de refuser cette promotion, car en visionnant ce film, il avait pleuré en silence en s'imaginant le vide de sa vie, si comme Nicolas Cage, le personnage principal, il avait choisi sa carrière au détriment de sa famille. En réalité, ce film lui avait permis de se distancier et lui donnait un aperçu du contexte global.

Passer un message sans faire la morale

Mais le vrai pouvoir des films à provoquer des élévations de notre niveau de conscience provient du fait qu'ils **contournent la résistance** inconsciente que nous avons tous devant le fait de se faire moraliser. En effet, les films **ne nous disent pas quoi faire** ; au lieu de cela, ils **démontrent** et **révèlent** des éléments moraux, indirectement, sans que notre ego ne puisse en voir la menace et ensuite ériger ses murs de résistance.

De fait, nous ne sommes **pas enclins à chercher des contre-arguments** face à une histoire, comme nous avons tendance à le faire devant certaines prescriptions, comme par exemple : « Tu devrais cesser de fumer ». Si à la place, un film nous fait ressentir la souffrance d'un personnage qui se meurt du cancer du poumon, car il a trop fumé, cela ne provoque pas en nous le réflexe de rétorquer à l'écran : « Mon oncle a vécu jusqu'à 102 ans en fumant un paquet de cigarettes par jour », n'est-ce pas ?

C'est pourquoi si un alcoolique chronique écoute, en compagnie de sa famille, le film *Pour l'amour d'une femme (When a man loves a woman, 1994)*, il **ne peut pas chercher à s'obstiner** ni minimiser le fait que la dépendance à l'alcool du personnage, interprété par Meg Ryan, fait réellement du mal à sa famille et met de plus en jeu la sécurité de sa petite fille.

Au visionnement de certains films, il nous est possible de **démasquer nos propres problèmes** puisqu'avec le recul, nous les distinguons et les reconnaissons mieux au sein de l'histoire des autres. Qui plus est, certaines scènes révèlent, concrètement et avec précision, des **solutions comportementales** auxquelles nous n'avions jamais pensé auparavant.

Chaque fois que nous écoutons un film, il fait partie d'un niveau de conscience très précis. Avez-vous déjà observé que de visionner une seconde fois le même film, mais à une autre période de notre vie, nous **y découvrons de nouveaux éléments** dont nous n'avions pas pris conscience la première fois. Car ce qui vibre en nous pendant que nous le regardons, correspond à ce qui nous habite en ce moment de notre vie.

Fournir une nouvelle manière de voir

De plus, les films peuvent **raffiner notre jugement** en regard de certains phénomènes, voire le modifier en fournissant un recadrage de la situation, une **nouvelle interprétation**. Par exemple, si je vous demandais d'emblée votre opinion concernant l'infidélité dans un couple, vous auriez probablement une position ferme sur le sujet. Toutefois, si je vous posais la même question après avoir vu *Sur la route de Madison (The Bridges of Madison County, 1995)* avec Meryl Streep et Clint Eastwood, vos propos seraient probablement plus nuancés, plus empathiques. À cet égard, selon l'écrivain André Malraux: « *Juger, c'est de toute évidence ne pas comprendre puisque, si l'on comprenait, on ne pourrait pas juger* ».

Je suis d'avis que les films nous aident justement à **mieux comprendre** plusieurs réalités que nous jugions sévèrement au départ. Ils nous permettent de ressentir l'expérience sur le plan subjectif puisque nous sympathisons avec les personnages du film en vivant leurs émotions avec eux.

Transmettre des valeurs, élever le niveau de conscience

Les films sont également une voie royale pour **transmettre des valeurs** et créer une **culture commune**. Ils génèrent une base à partir de laquelle il est plus facile d'entamer des conversations constructives. C'est moins menaçant pour la sécurité affective en relation d'amorcer un échange en émettant des commentaires sur les personnages d'un film et leurs valeurs que de le faire directement en risquant de créer des réactions défensives dès le départ.

Entre 1939-1945, parions que si nous avions obligé tous les nazis à écouter ensemble *La Liste de Schindler (1993)*, au sein d'un cinéma IMAX gigantesque, leur niveau de conscience collectif en aurait été altéré… En ressentant la souffrance et le malheur des juifs, il leur aurait été plus difficile de poursuivre ce carnage et leur faire subir de telles atrocités avec la même insensibilité que leur dissociation de l'expérience des juifs le leur permettait.

Enfin, si vous aviez à faire face un jour à un dilemme éthique dans votre vie professionnelle, voyez le film *La Firme (1993)* avec Tom Cruise où, Mitch, le personnage principal, choisit de travailler pour le cabinet d'avocats qui lui offre le salaire le plus avantageux. Sur le plan émotionnel, nous y ressentons bien le prix à payer de perdre sa paix d'esprit pour avoir vendu son âme au diable.

Stimuler l'espoir

Certains films témoignent de l'évolution possible d'une situation que nous considérions au départ comme étant sans issue. Par exemple, *La Blonde de mon père (Stepmon, 1998)* avec Julia Roberts peut redonner de l'espoir à des parents qui traversent un divorce difficile et qui vivent des relations familiales tendues. Comme métaphores thérapeutiques, les films démontrent ***ce qui est*** de ***ce qui peut être***, offrant ainsi diverses possibilités nouvelles. Et en parlant d'espoir, le long métrage *À l'ombre de Shawshank (Shawshank Redemption, 1994)*, débutant par un désespoir absolu pour se terminer en triomphe, peut nous servir de métaphore porteuse d'espérance. Quand nous pensons que toutes les chances sont contre nous, il faut savoir miser et faire confiance à nos talents et à nos propres ressources et, surtout, ne jamais abandonner.

En conclusion, vous l'aurez compris, n'hésitez pas à puiser à même le pouvoir du cinéma pour vous faire du bien, pour vous réconforter, vous donner du courage, pour vous aider à créer des échanges et des réflexions sur des sujets et établir une conversation constructive, car vous êtes encore émus et inspirés par le film. N'hésitez pas à sélectionner les passages de films qui pourraient vous aider à transmettre des messages, des possibilités, voire des morales, à un individu ou à un groupe. Ainsi, ils chercheront moins à argumenter sur ce que vous avancez et enfin, s'ils ne sont pas d'accord avec vous, au moins ils auront eu le bénéfice d'obtenir votre point de vue grâce à la magie du cinéma.

Les trames sonores de films

Comment pouvons-nous jumeler le pouvoir de la musique à la puissance du cinéma pour nous donner accès aux émotions de notre choix? Comme nous l'avons abordé au chapitre précédent, les trames sonores des films qui nous ont marqués deviennent pour nous des ancrages, des associations pour notre cerveau. De plus, elles sont stratégiques et tellement cruciales dans un film, au point où les effets souhaités sont testés au préalable sur des centaines de personnes. Dans cette optique, depuis que j'ai fait des recherches sur les effets de la musique et du cinéma sur les émotions, j'ai cumulé une véritable collection de trames sonores qui sont encore plus efficaces pour moi que de simples mélodies pour induire un état intérieur, car je m'associe à certaines actions des personnages. Voici des exemples de **trames sonores de films** que j'utilise:

Spirit, l'étalon des plaines – Stallion of the Cimarron, de Hans Zimmer et Bryan Adams, bande dessinée que j'ai dû écouter une centaine de fois, blottie contre mes deux filles. L'écouter me plonge dans une énergie émotionnelle de courage, la même dont font preuve les personnages pour conserver leur liberté.

Gladiateur, de Hans Zimmer et Lisa Gerrard, film d'action que j'ai adoré. Je l'utilise pour créer en moi des états de courage et de détermination. Lorsque la chanson *Now we are free* joue dans mon iPod, je respire rapidement et profondément, et je me sens prête comme le Gladiateur à faire face à ce qui se présente pour moi dans l'arène dès que les grilles se lèvent.

Cœur vaillant (Braveheart), de James Horner, ce drame historique dont presque tout dans cette trame sonore me connecte avec la gratitude et l'appréciation, mais plus particulièrement la chanson *Freedom Theme* me donne une impression de gratitude sacrée et me fait penser à des anges qui chantent au ciel.

La vie est belle, ce long métrage de Roberto Benigni me plonge en état de profonde gratitude. Je le regarde au moins deux fois par année, car il me donne envie d'être une meilleure personne. Il m'inspire à imiter Guido, le personnage principal, pour contribuer moi aussi à « créer du merveilleux » dans la vie des gens. Je n'ai qu'à mettre la chanson-thème intitulée *Life is Beautiful*, interprétée par The City of Prague Philharmonic pour me replonger dans l'état de générosité du personnage.

Autres trames sonores à savourer : *Cinéma Paradiso,* de Ennio Morricone ; *Avatar* de James Horner » ; « *The Last Samurai (A Way of Life*), de Hans Zimmer » ; « *Celestine Prophecy* de Christopher Franke » ; « *Slumdog Millionaire* », etc.

Enfin, les goûts pour les films sont idiosyncratiques au même titre qu'ils le sont pour la musique. Donc, votre réaction personnelle à leur écoute peut différer de la mienne. Alors, il ne tient qu'à vous de déterminer vos propres leviers, car dès que vous êtes remué, touché, énergisé par une trame sonore, je crois que vous devriez vous procurer cette pièce comme moyen d'accès à une émotion précise.

Je vous invite à visiter mon blogue pour y trouver une liste de films porteurs de messages inspirants, de belles leçons de vie, ou dont la trame sonore est, à mon avis, particulièrement puissante.

Internet et les extraits de films

Voici une autre astuce. Je vais souvent sur ***You Tube*** pour revoir des **passages de films** que j'ai aimés, car les extraits les plus inspirants s'y retrouvent presque toujours. De sorte que nous pouvons écouter à volonté et facilement, le discours inspirant de Al Pacino dans *Parfum de femme*, ou encore l'exposé inspirant d'Anthony Hopkins dans *Amistad*, par exemple. Nous pouvons aussi puiser à la persévérance et la détermination de *Rocky*, à la victoire du *Gladiateu*r, aux scènes d'amour à la fin de *Cinéma Paradiso*, à la finale de *Beauté américaine* où le personnage Lester Burnhamm, est submergé de gratitude envers sa vie. On y retrouve aussi des morales contemporaines des extraits de films comme *Père de famille* et *Clic*, porteurs de messages sur l'importance de la famille. Bref, sur le Web, tous les moments forts de films qui inspirent sont accessibles.

Le but, vous l'aurez compris, c'est d'identifier et de préciser « nos déclencheurs d'états émotionnels », de multiplier nos accès à certaines émotions et de s'entraîner à les ressentir souvent et intensément pour muscler nos circuits neurologiques correspondants.

Quels sont les films qui vous ont particulièrement touché, qui vous ont profondément inspiré ? Quels personnages ont provoqué l'élévation de votre niveau de conscience ? Procurez-vous leur trame sonore afin de réactiver en vous l'énergie et les émotions que vous avez ressenties lors du visionnement. Vous pourriez même les écouter à plusieurs reprises en vous associant et vous réassociant à certaines valeurs fortes que les personnages vous inspirent pour créer des ancrages. À l'aide du logiciel QuickTime Player, il est possible d'isoler certains extraits de films et de les transférer sur votre iPhone. Ainsi, peu importe où vous êtes, vous pouvez vous imbiber à nouveau de la sagesse de certains passages de films inspirants.

CHAPITRE 15

Le *biofeedback* (rétroaction biologique)

En 1970, le terme *biofeedback* (ou rétroaction biologique) visait à décrire des expériences où, à l'aide de leur volonté consciente, des sujets s'entraînaient à modifier des réactions de leur corps que l'on croyait alors involontaires. Les chercheurs avaient constaté qu'il était possible pour quiconque le voulait, de modifier leurs activités cérébrales, leur pression artérielle, leur rythme cardiaque ou autres, simplement en contrôlant leurs pensées, leur attention et leur respiration.

Dans son ouvrage *Molecules of Emotion*, l'éminente chercheure Candace Pert affirme même que n'importe qui peut augmenter la température de sa main de 5 à 10 degrés, dès le premier essai. Mais dans les faits, cette possibilité s'appuyait sur la synchronisation entre le corps et le cerveau et s'expliquait ainsi : « Chaque changement d'état physiologique est accompagné par un changement approprié dans l'état mental émotionnel, qu'il soit conscient ou inconscient. Inversement, chaque changement dans l'état mental émotionnel, conscient ou inconscient, est accompagné par le changement approprié dans l'état physiologique. »[1]

Modifier les mesures physiologiques de notre corps

Comme pour les jeux vidéo où nous tentons de vaincre la machine (le logiciel), les sujets qui s'entraînent au *biofeedback* visent à maîtriser leur physiologie, à prendre le contrôle conscient et

1. Candace Pert, *Molecules of Emotion*, p. 137.

volontaire de leurs fonctions vitales en s'observant sur des moniteurs technologiques très précis. Les mesures physiologiques les plus utilisées pour faire du *biofeedback* sont, par exemple :

- le rythme cardiaque ;
- la respiration ;
- la température et la conductance de la peau (pour réduire les effets du stress et favoriser la relaxation) ;
- l'électromyographie (ou EMG qui mesure l'activité musculaire), elle est utilisée en physiothérapie pour la réhabilitation des muscles endommagés) ;
- l'électroencéphalographie (ou EEG qui mesure l'activité du cerveau et les ondes cérébrales bêta, alpha, delta qui sont associées à des états de conscience distincts), elle est utilisée pour entraîner la performance mentale).

Parmi les différentes approches de *biofeedback* disponibles de nos jours, j'ai été particulièrement intéressée par les bénéfices de la **technique de la cohérence cardiaque** étant donné l'importance qu'elle accorde au pouvoir des émotions. Elle s'avère efficace pour s'entraîner à muscler le bon loup et à développer notre intelligence émotionnelle.

La cohérence cardiaque : créer les conditions intérieures

Popularisée par le psychiatre David Servan-Schreiber dans son livre *Guérir*[2], l'induction de la cohérence cardiaque est une technique de *biofeedback* qui a été développée et étudiée au laboratoire de recherche de l'Institut HeartMath en Californie. Le livre *L'Intelligence intuitive du cœur : la solution HeartMath* décrit en profondeur cette technique et ses effets sur le corps.

Cette approche s'inscrit dans un principe de base : au lieu de s'acharner perpétuellement à obtenir des circonstances extérieures

2. Je vous suggère vivement de lire les chapitres 3 et 4 du livre *Guérir* pour en apprendre davantage sur le fonctionnement du corps à ce sujet.

idéales (changer d'emploi, changer de conjoint, l'arrivée de la retraite) pour aspirer éventuellement à être heureux un jour, nous pouvons inverser le processus et commencer par contrôler nos conditions intérieures telles que notre physiologie, notre cohérence cardiaque, pour que la mécanique même de notre corps génère, et ce dès le départ, un état optimal de bien-être peu importe les circonstances extérieures.

Cette perspective par rapport à la vie n'est pas nouvelle puisqu'elle est au cœur des traditions spirituelles orientales. Par contre, sa valeur ajoutée est bien entendu reliée à la possibilité d'obtenir une mesure scientifique de nos progrès et ce simple fait réussit à séduire l'esprit cartésien des Occidentaux.

Chaos ou cohérence?

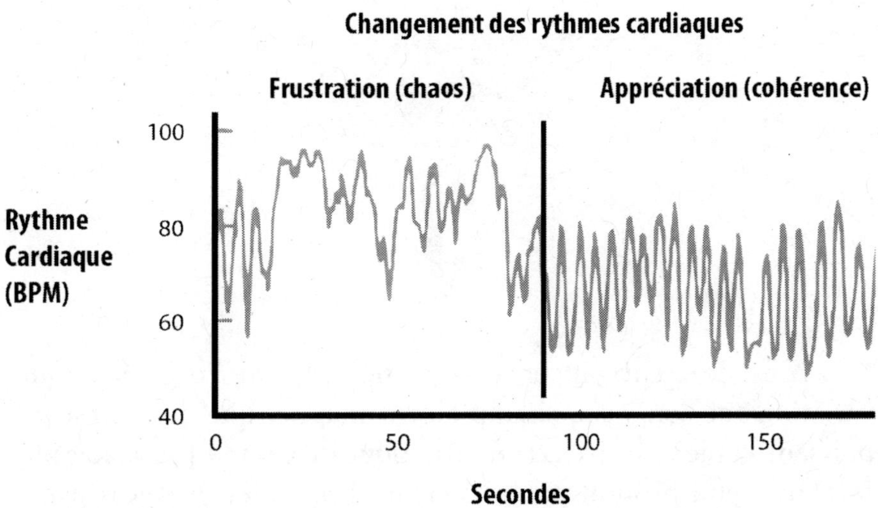

L'Institut HeartMath, qui a mené des recherches exhaustives sur le système cœur-cerveau, a développé **un logiciel** de *biofeedback* (son prix varie entre 250 et 300 $ US) qui mesure la cohérence du rythme cardiaque en démontrant que le cœur réagit instantanément aux différents états émotionnels. Grâce à cet instrument, on peut observer que dans les états de stress, d'anxiété, de dépression ou de colère, la variation naturelle du rythme cardiaque devient **irrégulière** ou « **chaotique** » et **moins profonde**.

À l'opposé, « dans les états de bien-être, de compassion, de gratitude, ou lorsque l'attention est portée sur notre respiration, cette variabilité est plus profonde et entre en « **cohérence** » : **l'alternance d'accélérations et de décélérations du rythme cardiaque est régulière** et **s'aligne sur les autres rythmes biologiques.**[3] » Donc, selon le type d'émotions qu'il ressent, le cœur change littéralement de chorégraphie.

Le champ électromagnétique du cœur

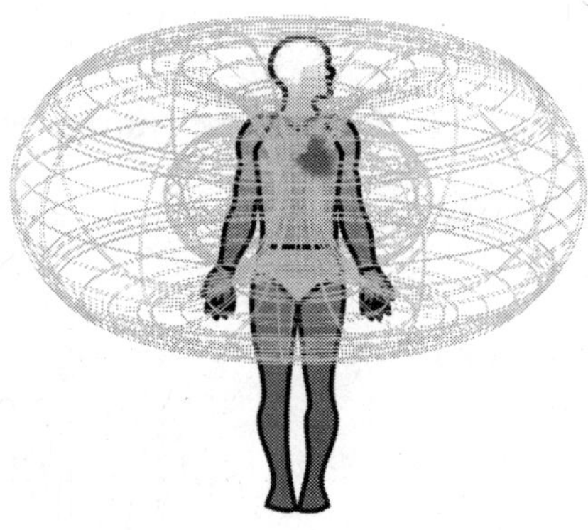

Ainsi le cœur fait ensuite participer tout l'organisme aux variations de son vaste **champ électromagnétique**[4] lequel est très puissant, car le champ électromagnétique du cœur est 5000 fois plus fort que celui produit par le cerveau. Les ondes dégagées par ce dernier, peuvent être détectées à environ **3 mètres du corps** au

3. David Servan-Schreiber, *Anticancer*, p. 264. C'est moi qui souligne en caractères gras.
4. G. Stroink, *Principles of cardiomagnetism*, *Advances in Biomagnetism*, S. J. Williamson et al., New York, Plenum Press, 1989, pp. 47-57. Cité par Servan-Schreiber dans *Guérir* p. 50.

moyen de détecteurs sensibles appelés magnétomètres. La structure de fréquence du champ électromagnétique du cœur change radicalement suivant divers états émotionnels. Selon le HeartMath, la frustration produit un signal incohérent, tandis que la reconnaissance crée un signal harmonieux et cohérent[5]. Ainsi, d'un point de vue très physique, le cœur fonctionne plus efficacement et se « sent mieux » en présence d'émotions positives.

D'autres études démontrent que lorsque nous concentrons notre attention sur notre cœur, sa **synchronisation** avec notre cerveau augmente. D'ailleurs, une des étapes de la technique de cohérence cardiaque consiste à concentrer notre attention sur la région du cœur pour respirer « à travers » lui et ainsi maximiser cette synchronisation.

J'ai trouvé aussi fascinant d'apprendre que « l'information énergétique contenue dans le champ du cœur n'est pas détectée seulement par nos propres cerveaux, mais peut aussi être enregistrée par les gens qui nous entourent.[6] » Nous nous retrouvons donc à **diffuser continuellement nos états émotionnels** et à recevoir ceux des autres, sans l'usage de la parole ni même de signes ! Que nous en soyons conscients ou non, nous transmettons involontairement des signaux subtils aux gens qui nous entourent puisque « nous exerçons tous un effet les uns sur les autres, sur le plan électromagnétique le plus fondamental.[7] »

---

5. HeartMath, p. 241.
6. *Ibid.*, 2005, p. 241.
7. *Ibid.*, 2005, p. 241.

La simplicité de la technique

« J'ai tellement à faire aujourd'hui, je vais devoir méditer deux fois plus longtemps. »

– Gandhi

Que nous disposions du logiciel ou non, il nous est possible d'entraîner notre corps à la cohérence cardiaque grâce à la technique développée par l'Institut HeartMath. En voici les étapes[8] :

D'emblée, il s'agit de **tourner notre attention vers l'intérieur de soi** et de consciemment mettre de côté nos préoccupations pendant quelques minutes. Ensuite, il faut prendre plusieurs **respirations lentes et profondes** en insistant surtout sur l'**expiration,** car cela stimule le système parasympathique à induire l'acétylcholine dans le cerveau, l'hormone associée aux états de détente et de relaxation. Une fois cette stabilisation établie, il est suggéré de reporter consciemment **notre attention sur la région du cœur de notre poitrine** et d'imaginer que nous respirons *à travers* le cœur.

Ensuite, il est bon d'évoquer un souvenir où nous avons ressenti de la **gratitude** ou de la **reconnaissance,** et de laisser cette émotion envahir notre poitrine. Moi, j'évoque le moment de mon enfance où j'étais bercée par ma grand-mère pour connecter avec la gratitude la plus intense. Enfin, il s'agit de se connecter à la sensation de chaleur et d'expansion qui se développe dans notre poitrine et de l'encourager ensuite par la pensée et la respiration.

Augmente l'énergie physique et la vitalité

Dans une étude publiée dans l'*American Journal of Cardiology*, des chercheurs de l'Institut HeartMath ont démontré que « le simple fait d'évoquer une émotion positive grâce à un souvenir ou même une scène imaginée induit très rapidement une transition de la variabilité cardiaque vers une phase de cohérence[9]. » Alors :

---

8. Le résumé de la technique vient du livre *Guérir*, 2003, pp. 68-71.
9. R. McCratyM. Atkinson, et al, The effect of emotions on short-term power

> «Cette cohérence du rythme des battements du cœur se répercute rapidement sur le cerveau émotionnel, auquel elle signifie, en lui apportant de la stabilité, que tout est en ordre dans la physiologie. Le cerveau émotionnel répond à ce message en renforçant la cohérence du cœur. Ce va-et-vient produit un cercle vertueux.[10]»

Une fois parvenus à cet état d'équilibre, nous sommes de loin plus efficaces pour faire face aux défis de la vie, car premièrement, notre corps fonctionne avec un **maximum d'efficacité** en consommant un **minimum de notre énergie**. En état de cohérence cardiaque, les deux autres systèmes de nos rythmes physiologiques, soit la tension artérielle et la respiration, s'alignent à leur tour pour produire un phénomène comparable à l'alignement «en phase» des ondes lumineuses d'un rayon laser, que l'on désigne précisément sous le nom de «cohérence».

> «C'est cet alignement qui donne au laser son énergie et sa puissance. L'énergie qui est dissipée inefficacement dans toutes les directions par une ampoule de cent watts suffit à percer un trou dans une plaque de métal si elle est canalisée par un alignement de phase. La cohérence du rythme cardiaque représente une réelle **économie d'énergie pour l'organisme.**»[11]

Notre métabolisme fonctionne alors comme un laser et nous avons plus d'énergie, sommes moins tendus, car notre physiologie est moins désordonnée et plus concentrée.

Freine la fuite d'énergie émotionnelle

Deuxièmement, lorsqu'il est en cohérence, **notre cœur est davantage ouvert** et plus sensible aux réalités cachées, car comme

---

Spectrum analysis and heart rate variability, *The American Journal of Cardiology*, 1995, vol. 76 (14), pp. 1089-1093. Cité par Servan-Schreiber dans *Guérir*, p. 70.

10. *Guérir*, 2003, p. 71.
11. *Ibid.*, p. 62. C'est moi qui souligne en caractères gras.

l'a si bien dit Saint-Exupéry: «On ne voit bien qu'avec le cœur. L'essentiel est invisible pour les yeux.» Aussi, avant d'affronter des personnalités difficiles, celles qui nous frustrent, nous irritent et créent le chaos dans notre physiologie, nous devrions inciter notre cœur à battre en cohérence et notre cerveau émotionnel qui a tendance à s'agiter à leur contact, à se calmer et freiner la fuite d'énergie émotionnelle. Ainsi, il est plus facile d'atteindre la compassion et d'entendre les souffrances cachées derrière leurs paroles ou leurs comportements dérangeants. Même les remarques les plus blessantes n'auront plus d'emprise sur nous dans cet état d'ouverture de cœur réel.

Améliore la performance intuitive et mentale

Troisièmement, **nos facultés cognitives sont optimisées** par cette cohérence qui aurait la vertu de faciliter l'agencement des opérations du cerveau[12]. Comme par la puissance d'un laser, la cohérence permet au cerveau d'être plus rapide et plus précis[13]. C'est l'état «dans lequel nos idées coulent naturellement et sans effort: nous trouvons sans hésitation les mots pour exprimer ce que nous voulons dire, nos gestes sont rapides et efficaces.»[14] C'est aussi l'état dans lequel nous pouvons trouver des solutions originales et pertinentes, et où nous pouvons improviser avec acuité, vivacité et éloquence.

La multiplication des recherches a permis à la technique de la cohérence cardiaque de devenir un outil de *biofeedback* précieux grâce à ses résultats incontestables, et nous aide à «passer par le corps» pour nous donner accès au meilleur de nous-mêmes. En «apprenant littéralement à contrôler notre cœur, nous apprenons à

---

12. *Guérir*, 2003, p. 73.
13. A. D. Watkins, *Corporate Training in Heart Rate Variability: 6 weeks and 6 months follow-up studies*, Alan Watkins Consulting, Londres, 2002. Cité par Servan-Schreiber dans *Guérir*, p. 63.
14. *Guérir*, 2003, p. 51.

apprivoiser notre cerveau émotionnel, et vice versa.[15] » Vous ne serez pas surpris d'apprendre que des équipes sportives d'élite ont investi des sommes considérables dans des laboratoires pour permettre aux athlètes de s'entraîner non seulement physiquement, mais aussi émotionnellement et psychologiquement, grâce aux outils de mesure de *biofeedback* (rétroaction biologique).

La gratitude, l'accès royal vers la cohérence cardiaque

Pour maximiser notre efficacité avec les instruments de *biofeedback*, l'induction d'une émotion constitue non seulement un accès supplémentaire, mais également une voie royale. En effet, un article publié dans *The American Journal of Cardiology* cite une recherche qui démontre que la « façon la plus simple et la plus rapide pour que le corps entre en cohérence est de faire l'expérience de sentiments de **gratitude et de tendresse** vis-à-vis d'autrui[16] ». Il devient alors capital, si nous voulons être capables d'intelligence émotionnelle, de muscler nos circuits neurologiques pour accéder à volonté à la gratitude, et ce, malgré les circonstances négatives qui apparaissent dans nos vies.

À cet égard, si nous désirons acquérir davantage de maîtrise sur un phénomène, il nous faut parfaire nos connaissances et parvenir à faire le plus de distinctions possible dans ce domaine. Ensuite seulement, pourrons-nous aspirer à plus de contrôle et de maîtrise. C'est pourquoi au prochain chapitre, nous approfondirons les nuances quant à l'expérience de la gratitude puisqu'elle constitue un accès royal privilégié vers la performance que confère la cohérence cardiaque.

---

15. R. McCraty, M. Atkinson, et al., *The effect of emotions on short-term power Spectrum analysis and heart rate variability*, *The American Journal of Cardiology*, 1995, vol. 76 (14), pp. 1089-1093. Cité par Servan-Schreiber dans *Guérir*, p.239.
16. *Ibid.*

CHAPITRE 16

Le concept de gratitude

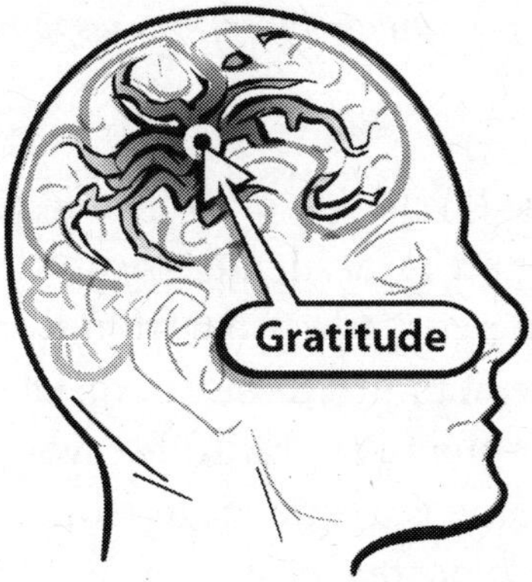

« La gratitude est non seulement la plus grande des vertus, mais la mère de toutes les autres. »

– Cicéron

Positionnons d'abord le concept. Qu'entendons-nous par gratitude ? Énoncé rapidement, ce serait l'inverse de l'ingratitude… C'est l'opposé de tenir quelque chose ou quelqu'un pour acquis, de penser que tout nous est dû. Les mots reconnaissance, appréciation, émerveillement peuvent être synonymes de l'expérience, car c'est un état intérieur qui nous porte à vouloir remercier la vie, à savourer et ressentir la chance que nous avons de jouir de la présence de certaines personnes ou de vivre certaines expériences dans nos vies. C'est se laisser toucher jusqu'au cœur par la générosité des bénévoles qui se mobilisent en temps de crise et de s'émerveiller jusqu'aux larmes, d'un geste tendre, de la beauté de la vie, d'un repas préparé avec amour. La gratitude, c'est savoir comment « s'associer » à nos expériences positives au lieu de passer à travers la vie en étant dissocié, inconscient, activé par le pilote automatique.

Immunisé contre le négatif

« N'est-ce pas que la capacité de pouvoir consciemment créer la joie impose presque la responsabilité d'être joyeux ? »

– Norman Cousin

Dans le livre *The Psychology of Gratitude*, le Dr Robert Emmons de l'Université Baylor au Texas, démontre que lorsque nous sommes émus de gratitude, la peur et la frustration disparaissent, de même que les sentiments de manque, de stress, de jalousie, d'envie, etc. Ils ne peuvent cohabiter quand la gratitude rayonne en nous. D'autres études confirment que lorsque nous sommes touchés par les moments magiques de notre vie, et ce jusqu'à l'âme, il est biochimiquement impossible de ressentir des émotions négatives simultanément. N'est-ce pas là une distinction digne d'intérêt ?

Cette émotion agit donc comme un **antidote** aux états émotionnels limitatifs qui nous affaiblissent. De plus, si nous ressentons la gratitude à une intensité maximale, les draineurs d'énergie (les frustrés, les victimes, les éternels insatisfaits) risquent d'être incapables de nous contaminer par leurs émotions négatives puisque notre champ électromagnétique sera sans doute plus chargé que le leur. Notre intensité nous permet d'être, en quelque sorte, immunisés, voire vaccinés contre ceux qui ont tendance à siphonner notre joie de vivre par leur négativité.

La gratitude et son effet boule de neige

Il est fascinant de constater que dès que nous ressentons un peu de gratitude, il devient **plus facile d'en ressentir davantage** et d'intensifier ce sentiment, car une fois cette émotion activée, elle oriente notre regard sur la vie. La gratitude met le fonctionnement du cerveau émotionnel en marche. Elle lui permet alors presque instinctivement de remarquer tout ce que nous pouvons apprécier, car comme toutes les émotions, la gratitude aussi affecte le jugement, oriente la perception et nous conduit à sélectionner les faits qui correspondent à son état de vibration.

En état de gratitude, les beautés de la vie se révèlent à nous avec éloquence, car la gratitude démarre la machine qui, une fois mise en mouvement, non seulement génère encore plus de reconnaissance, mais entraîne également toutes les autres émotions positives (la joie, l'amour, l'espoir, la sérénité, etc.) dans son sillon. De là, son effet de synergie. Enfin, la gratitude et la reconnaissance font partie des émotions positives les plus **faciles à générer** quand ça va mal, car il y a toujours quelque chose à apprécier chez quelqu'un ou dans notre environnement.

Si vous devez côtoyer des gens frustrés ou aigris, incapables de gratitude, vous pouvez au moins apprécier le fait qu'ils vous servent **d'anti-modèles** de tout ce qu'il ne faut pas faire si nous voulons être heureux et inspirants ! Ils nous fournissent alors le terrain de pratique idéal pour développer une autre émotion fondamentale du cœur : la compassion envers ces malheureux.

L'émotion qui augmente le plus la « qualité de vie »

Puisqu'elle implique de reconnaître et savourer les beautés de notre vie, c'est l'émotion qui est la plus susceptible d'augmenter notre qualité de vie, car la gratitude nous rend heureux. Des études menées à l'Université de Pennsylvanie par Seligman démontrent que si nous demandions à des individus de s'arrêter, **hebdomadairement**, et de **prendre en note les moments de gratitude** ou les choses qu'ils ont appréciées durant la semaine, ce simple exercice augmenterait leur niveau de bonheur général et leur sentiment de satisfaction vis-à-vis de leur vie. Notons par contre que de le faire tous les jours serait moins efficace, probablement car cela deviendrait comme une routine à laquelle nous nous habituerions et qui aurait ainsi moins d'impact à la longue.

Par ailleurs, les gens qui ont développé le réflexe d'**exprimer** concrètement **leur reconnaissance** et de la **verbaliser** aux autres, seraient plus heureux et auraient une impression subjective de bonheur supérieure à ceux qui n'ont pas l'habitude de le faire.[1] En résumé, faites ces deux activités :

1) chaque semaine, prendre en note les moments dignes d'être appréciés ; et
2) verbaliser aux autres notre reconnaissance sincère chaque fois que nous la ressentons, voilà qui constitue une excellente façon de nourrir le bon loup en soi et d'induire la cohérence cardiaque dans notre physiologie.

---

1. Bill O'Hanlon, *The Science of Happiness : A Positive Psychology Update,* p. 11.

CHAPITRE 17

Contrer la tendance naturelle vers le négatif

« Dès qu'on se laisse distraire par des pensées négatives, des préoccupations – ce qui est la tendance normale du cerveau livré à lui-même –, en quelques secondes la cohérence diminue et le chaos reprend sa place. »

– Servan-Schreiber

Revenons à ce principe bien connu en psychologie, dont je vous ai parlé en introduction, le **biais négatif**[1]. Il est utilisé pour décrire la tendance naturelle qu'ont les humains à accorder davantage leur attention aux données négatives de leur vie. Nous faisons beaucoup plus d'efforts pour nous éloigner de la souffrance que nous n'en faisons pour aller vers le bonheur. Aussi, si nous déployons autant d'énergies à éviter le négatif, c'est qu'il a plus de poids dans la balance de nos sentiments !

Les expériences désagréables sont plus intensément vécues dans notre esprit et dans notre corps et nous nous souvenons davantage de nos souvenirs négatifs et douloureux que de nos souvenirs positifs. Vous rappelez-vous mon exemple disant que les gens se souviennent plus longtemps d'une insulte que d'un compliment ou davantage d'un vol que d'un cadeau ? Trouver toutes les façons possibles de s'éloigner de la souffrance a probablement

---

1. R. McCraty and D. Childre, *The Grateful Heart: The Psychophysiology of Appreciation*, p. 241, in : R. Emmons, and M. E. McCullough, *The Psychology of Gratitude*, New York, Oxford University Press, 2004.

servi à la survie de l'espèce, mais le problème aujourd'hui, c'est de continuer d'être prisonniers de notre bagage héréditaire et de faire de nos *patterns* négatifs une **option par défaut** qui s'installe dès que notre esprit devient oisif. D'où l'adage: « Un cerveau qui n'est pas occupé a tendance à devenir préoccupé. » Alors, s'il faut l'empêcher d'être désœuvré, **occupons-le** à souhait ce cerveau!

J'ai personnellement constaté que si je ne suis pas vigilante et que je n'occupe pas mon esprit à des activités qui me font du bien, les émotions négatives auxquelles je suis accro refont surface et m'explosent littéralement à la figure. Je vous disais au chapitre 7 que parmi les états limitatifs auxquels j'ai accès trop souvent, il y a l'**impatience** qui, par mon sentiment de manque de temps, me fait vivre continuellement des états d'urgence. Quand quelque chose me ralentit dans ma fuite en avant, je peux avoir tendance à stresser et ça me rend impatiente.

Je suis aussi victime **d'anxiété de performance**. J'ai des exigences très élevées envers moi-même et j'ai souvent le sentiment que je n'en ai jamais assez fait, que je devrais pousser encore plus loin et atteindre des résultats encore meilleurs. C'est épuisant à tenir à la longue, car cela draine mon énergie.

Et à travers tout cela, la **culpabilité** surgit. Je me sens fautive de passer beaucoup de temps en voyage pour donner des conférences ou de m'absenter de la maison pour faire progresser mes projets d'entreprise, car j'ai l'impression de ne pas consacrer assez de temps de présence de qualité à mes filles. Cependant, si je refuse des contrats ou si je laisse traîner mes projets parce que je m'accorde trop de temps libre avec ma famille, je me sens coupable de ne pas avancer mes dossiers au rythme où je le devrais…

Et je ne mentionne pas la culpabilité qui me ronge quand j'ai été sèche et impatiente avec mes proches. Je me sens imputable de tout et responsable du bonheur de tout le monde. En d'autres mots, je m'en veux de ne pas être partout à la fois. Bref, si je laisse ce cyclone intérieur se déployer, ces trois démons se nourrissent en eux-mêmes et le phénomène s'amplifie comme une tornade qui prend de la vitesse. Si je me laisse aller et que je me perds au cœur de la tempête, je peux dire adieu à mes états de créativité, de performance et d'empathie.

À chacun son test

Connaître le mal contre lequel nous nous battons pour ensuite **combattre le poison.** L'impatience, l'anxiété, la culpabilité, ce sont mes poisons. Les combattre c'est mon test à moi ! C'est la tendance naturelle de mon cerveau livré à lui-même. Pour être heureuse et performante, je dois **concocter un antidote** pour contrer ces émotions négatives précises puisque je n'ai pas à me prémunir de la tristesse, du ressentiment, du regret, du doute, de la rancune, du désespoir, de la déprime ni du sentiment d'impuissance, car je ne les ressens pour ainsi dire presque jamais.

Et puisque la gratitude rend heureux, je me suis concocté un outil de prédilection : un répertoire exhaustif des moments magiques de ma vie pour nourrir le bon loup en moi.

Ainsi, le matin pendant 15 minutes, j'évoque ces moments magiques en engageant tout mon système nerveux. Notez qu'à mes débuts de pratique de la cohérence cardiaque en 2006, c'était un véritable effort pour moi de m'asseoir le matin et de « ralentir pour ressentir » et apprécier. Je parle d'effort, car c'était tout un exploit pour moi de m'astreindre entre 15 et 30 minutes pour prendre le temps de ressentir la gratitude avec intensité…

Je vous avouerais même qu'il m'a fallu des semaines d'acharnement avant de parvenir à la ressentir avec une telle intensité pour en avoir les larmes aux yeux. Mais aujourd'hui, je l'éprouve en moins de 30 secondes et j'arrive même à en devenir visiblement émue devant des salles de 500 à 1500 personnes, car j'ai maintenant une mégaroute de 10 voies vers la gratitude dans mon cerveau.

Tirer profit du passé : créer des répertoires

Vous vous demandez peut-être quel genre de moments magiques j'intègre à mon inventaire ? Je vais vous en décrire quelques-uns, peut-être feront-ils jaillir à votre conscience des souvenirs similaires que vous auriez envie de savourer à nouveau vous aussi ? Voici donc un de mes accès à la gratitude, celui par lequel j'entame habituellement ma pratique de cohérence cardiaque.

Les douceurs d'Angéline

Enfant, je n'allais pas en service de garde, c'est ma **grand-mère Angéline** qui prenait soin de moi. Et ma grand-mère, c'était l'amour de ma vie. Elle et moi, nous avions un contact d'« âme à âme ». Elle était d'une telle générosité, d'un tel dévouement pour moi que je ressens encore l'intensité de sa présence et de son amour, juste à y penser. L'après-midi, elle s'assoyait dans un fauteuil berçant et j'avais le privilège de faire ma sieste la joue blottie sur sa poitrine chaude et réconfortante.

Ma grand-mère sentait tellement bon, un mélange de poudre et de crème. C'était l'odeur de l'amour inconditionnel pour moi. Elle me berçait, me chantait de petites chansons, puis levait mon chandail en me faisant de petites chatouilles dans le dos. Je me souviens de tous les détails de chaque scène, comme si c'était hier. Quelle chance j'ai eu de l'avoir dans ma vie, je me sens honorée et bénie des dieux de la présence de cette femme pleine d'amour et de vie. Mon Angéline, ce n'était rien de moins qu'une pure bénédiction.

Et même si elle est décédée aujourd'hui, son parfum, sa chaleur, son amour sont toujours bien vivants dans mon cœur dès que j'évoque son souvenir.

Mon gros matou

Ensuite, une fois la gratitude activée, je rayonne et la ressens dans tout mon corps. Par la suite, j'évoque des moments magiques passés avec ma famille. J'en ai tellement ! Je me remémore, par exemple, des moments intenses de connexion avec **l'homme de ma vie**, comme lorsque nous prenions notre café du matin au soleil, sur notre terrasse du centre-ville de Montréal et que nous bavardions pendant des heures. Un de ces moments précis restera gravé à jamais dans ma mémoire, c'est quand nos regards se sont croisés et je me suis sentie connectée à lui, comme si le temps était suspendu et que nous ne faisions qu'un.

À cet égard justement, j'ai pris soin de me doter d'un **outil encore plus précis** visant à **nourrir mon sentiment amoureux** pour lui, car après 18 ans de vie commune, je pense qu'il peut être facile de tenir notre relation pour acquise. Alors, en vue d'exploiter l'effet qu'ont les souvenirs sur le cerveau, j'ai conçu une liste spéciale de plusieurs pages où j'ai noté une soixantaine de moments intenses et complices vécus en sa compagnie. J'y inscris les paroles, les regards, des gestes tendres qui m'ont touchée droit au cœur. Comme par exemple cette soirée à la brasserie du Cheval Blanc, à Montréal. Nous avions un plaisir fou à discuter ensemble et nous étions tellement amoureux que mon *chum* s'est soudainement levé, debout sur la chaise, et s'est écrié à tue-tête devant les clients amusés de son exubérance : « Je suis complètement fou de cette femme-là ! Je l'aime d'amour ! » Je dois dire qu'à ce moment, j'étais plus mal à l'aise qu'émue devant son cri du cœur, mais j'avoue que l'intensité de son geste restera imprégnée dans mon cerveau limbique à tout jamais.

En plus de cette liste spéciale, j'ai conservé ses premières lettres d'amour que je relis quand nous vivons des périodes difficiles… J'ai aussi plusieurs albums de photos que je regarde à l'occasion pour me réassocier aux moments amoureux vécus avec lui. Il y a également notre chanson *No Ordinary Love,* de Sade. Puis, je capitalise sur le pouvoir limbique des parfums. Nous possédons plusieurs fragrances différentes, chacune est associée à des époques de nos vies et je les alterne pour éviter l'habitude, mais je sais très bien lequel de mes parfums lui plaît le plus, et je le porte évidemment lorsque je veux l'attirer vers moi. Quant à lui, il sait aussi précisément lequel utiliser pour que je ne puisse résister à l'effet limbique de ma fragrance préférée. Par ces différents ancrages, une fois l'état amoureux activé, il est beaucoup plus facile pour moi d'agir amoureusement et espérer ensuite déclencher un cercle vertueux où le sentiment affectueux que je projette vers lui, l'incite et lui donne le goût de me le donner en retour.

Car peut-être partagez-vous mon avis, mais la quotidienneté, le rythme effréné de nos vies, les querelles au sujet de l'éducation des enfants, c'est vraiment un cocktail explosif pour un couple ! Il s'avère donc capital pour moi de faire des exercices conscients afin de nourrir le sentiment amoureux qui s'évanouit trop facilement avec le temps, en l'absence d'attentions.

Mes petites poulettes adorées

Je ne peux pas parler d'inventaire de moments magiques sans mentionner mes nombreuses pages où j'ai noté les moments fantastiques vécus avec **mes filles,** allant des souvenirs où je les berçais comme le faisait ma grand-mère, jusqu'aux remarques drôles et cocasses qu'elles disaient au fur et à mesure qu'elles grandissaient. Un beau moment avec Séréna à 5 ans alors que je lui faisais des chatouilles dans le dos avant qu'elle s'endorme. Elle s'est retournée soudainement vers moi et m'a dit : « Repose ton bras, maman, c'est à mon tour de prendre soin de toi ». Puis, elle s'est mise à me chatouiller et à me donner des petits becs dans le dos. Wow ! J'en ressens encore des frissons.

Autre anecdote, tout récemment, je mettais ma petite Romane au lit. Devenue un peu pensive, elle dit en regardant vers le sol :

« Moi, j'aime ma vie. J'aime ma journée ». Elle venait juste d'avoir 5 ans. N'est-ce pas que ça fait un bien fou à un cœur de mère d'entendre ça ? Au moment d'écrire ces lignes, isolée dans une chambre d'hôtel en train de rédiger ce chapitre, je viens de parler à l'instant à Séréna par téléphone. Maintenant âgée de 7 ans, à la fin de la conversation, elle me dit « bye », je lui dis « bye » en souriant. Elle me répond de nouveau « bye » et je sens son sourire espiègle au bout du fil. Je lui redis alors « bye », mais en riant cette fois. Bref, nous avons répété ce manège au moins une vingtaine de fois, car nous avions ce petit moment complice que ni elle ni moi ne voulions faire cesser.

Autre moment cocasse. Ces temps-ci, ce qui me fait mourir de rire, c'est ce jeu où on se pose des questions et qu'il est interdit de répondre par « oui » ou par « non ». Comme elles n'ont que 5 et 7 ans, je gagne souvent à leur faire dire « oui ». Mais où j'éclate de rire chaque fois, c'est quand je vois leurs petits visages d'écureuils en alerte, devenir tout tendus, les yeux super concentrés, alors que toutes fières d'avoir résisté jusque-là, elles s'exclament : « Bien sûr que **non,** franchement, maman ! » Elles réalisent alors avoir dit le fameux mot interdit et explosent en riant aux éclats. Et moi, plus je suis fatiguée, plus les fous rires n'en finissent plus...

Quand j'analyse mes listes et mes répertoires de souvenirs, je prends conscience que je choisis de noter souvent de petites expériences qui peuvent sembler banales. En ce qui me concerne, le vrai bonheur se trouve dans les moments de connexion avec d'autres personnes. Mon bonheur se retrouve dans les petites choses... si je m'accorde le temps de les savourer. Je dois donc ralentir pour ressentir, vivre le moment présent, ce n'est pas gagné d'avance pour moi. Le quotidien, recommencer chaque jour, c'est difficile pour moi. Il me faut des outils comme ces répertoires que je me discipline à mettre en pratique pour chasser mon mauvais loup.

Guillaume : le touchant spectacle d'une transformation

Dans un tout autre registre, j'utilise aussi un élément du passé pour nourrir une solide préparation psychologique avant de monter sur scène et de m'adresser à un groupe ou d'intervenir en consultation. En fait, je me remémore une expérience merveilleuse qui a provoqué en moi toute une prise de conscience. Cette journée-là, j'ai réalisé tout le pouvoir de transformation que nous pouvons avoir sur quelqu'un. Ça s'est déroulé lors d'un atelier de communication auquel une amie m'avait convaincue d'assister. L'atelier en question s'est avéré une thérapie de groupe et je ne m'attendais pas à cela… Un des participants, **Guillaume**, était emballeur chez Provigo. Il était au début de la trentaine, une vingtaine de kilos en trop, des lunettes épaisses comme des fonds de bouteilles, il n'avait aucune estime de lui, et souffrait d'un **bégaiement sérieux**. Il bé-bé-bé-bé-bé-bé-ga-ga-ga-ga-yait tout le temps.

J'éprouvais une grande compassion pour lui au départ, mais je dois vous avouer qu'au bout d'un certain temps, l'impatiente en moi commençait à trouver ça long de l'entendre bégayer. C'était interminable avant qu'il parvienne à « aboutir » et à exprimer son idée. Je lui fournissais même des choix de réponses, question d'aller plus vite.

Mais durant son témoignage empreint de beaucoup d'émotions, Guillaume a confié au groupe à quel point c'était difficile pour lui de vivre avec le fait que les gens terminent ses phrases, qu'il devenait alors plus nerveux et que cela accentuait son problème. Il disait qu'il se sentait de trop dans la vie, que sa présence dérangeait et qu'il devenait un fardeau pour les gens. Une vague d'empathie et de compassion envers lui m'a submergée. Je l'ai regardé et j'ai ressenti sa souffrance avec une telle force. La souffrance d'être dans un monde de performance où tout va très vite. Pas besoin de vous préciser que je venais de saisir le message puisque j'avais moi-même cherché à compléter ses phrases, tellement son bégaiement chatouillait mon sentiment d'urgence.

Cette prise de conscience m'a fait comprendre ceci : « Isa, tu as beau faire des sourires aux gens avec ton air charmeur, mais la communication, c'est plutôt ce que tu ressens et pas nécessairement ce que tu dis ! Les gens ne sont pas dupes, ils perçoivent clairement tes sentiments envers eux ! » J'ai procédé alors à un changement de cap à 180 degrés. Je me suis dit que j'allais offrir à Guillaume toute mon attention. Que j'allais me taire et lui laisser tout le temps nécessaire pour qu'il parvienne à terminer lui-même ses phrases. Je le regardais avec tendresse et il pouvait ressentir de façon palpable que j'admirais son courage et sa persévérance devant l'adversité de sa vie. Mais comme je n'étais pas la seule du groupe de 30 personnes à être prise en flagrant délit d'impatience devant sa malencontreuse manie, ni la seule à terminer ses phrases, la majorité du groupe s'est transformée. Chacun s'est mis à écouter Guillaume avec bienveillance, attention, générosité et patience. Toute cette fascination que des cœurs conscients et généreux peuvent offrir quand ils en ont l'intention. Je l'observais et je le voyais devenir de plus en plus à l'aise, son visage avait changé et il bégayait de moins en moins.

Ce type d'atelier dure trois jours et demi, plus de 15 heures par jour. En conversation tout ce temps-là, nous devenons fatigués et plus sensibles à la longue. Épuisés, nos émotions sont à fleur de peau. Quel bénéfice retire-t-on de cet épuisement ? Les masques sociaux s'amenuisent, tombent, alors que l'âme et le cœur prennent de plus en plus leur place. Il se crée une culture d'acceptation, de non-jugement qui incite aux vrais sentiments, aux vraies affaires. À la toute fin de l'atelier, il fallait partager, devant les autres participants, les prises de conscience que nous avions réalisées durant la dynamique de groupe.

C'est alors que Guillaume monte sur scène. **Transformé**, vous dites ! Je vous jure que je me souviendrai de ce moment toute ma vie : il ne bégayait plus du tout ! Il faisait même des blagues sur le sujet et il était tellement drôle que je riais à en avoir mal au ventre. Je dois vous dire que mes rires étaient alternés par des montées de sanglots. J'étais si émue, si touchée de voir cette âme humaine qui avait enfin accès au meilleur d'elle-même que je ne pouvais pas m'empêcher de pleurer de joie et d'attendrissement pour cette transformation spectaculaire. Jusqu'à maintenant dans ma vie, je n'ai jamais été témoin d'une scène aussi remuante, aussi émouvante depuis. J'ai ri et pleuré tour à tour pendant une dizaine de minutes !

Ce moment magique a changé ma conception des **possibilités** dans la vie. J'ai réalisé tout le potentiel de transformation que l'amour, l'acceptation, le non-jugement, l'attention soutenue et la générosité pouvait procurer à quelqu'un Grâce à notre écoute, ce jeune homme s'est mis à fleurir comme une rose. C'était franchement indescriptible et ma gratitude cherchait à bondir, à jaillir de ma poitrine et j'avais peine à la retenir.

Mais le plus triste, c'est que quelques jours plus tard, nous nous réunissions tous pour un suivi de groupe. Guillaume est arrivé, s'est assis et s'est remis à bégayer, exactement comme au début de l'atelier, une semaine plus tôt. Parions que les gens de son entourage l'ont regardé et écouté avec la même impatience que j'avais eue envers lui au début de notre rencontre. L'environnement dans lequel nous vivons a un énorme pouvoir d'influence sur la personne que nous devenons. Un seul regard peut créer quelqu'un ou le détruire, il faut en prendre conscience. Guillaume en est la preuve vivante...

Des retrouvailles inespérées

Voici une autre anecdote reliée à mon enseignement à l'université (UQÀM), car bien entendu je note également les moments sacrés vécus avec mes étudiants. Ce cas constitue une des réussites professionnelles dont je suis vraiment fière. **Janie**, une des étudiantes dans mon cours de gestion de conflits, a accepté d'analyser la **relation conflictuelle** qu'elle avait **avec son père**. Cela faisait cinq années qu'elle ne lui avait pas adressé la parole. Il était totalement en dehors de sa vie, aussi m'avait-elle fait promettre qu'elle n'aurait pas à agir concrètement sur cette situation, que je ne lui imposerais pas de mettre en application les solutions qu'elle allait trouver. Son père était sorti de sa vie pour de bon et elle ne voulait absolument pas qu'il y revienne. Je me devais de respecter son choix pourvu qu'elle puisse analyser la situation avec lucidité, honnêteté et conscience.

Un jour, durant un cours particulièrement empreint de beaucoup d'émotions, j'illustrais un principe de compassion à travers une **métaphore**. Janie, intéressée, m'écoutait avec une telle attention que son visage est devenu tout rouge, puis soudain elle a éclaté en sanglots et est sortie précipitamment du cours. Une sérieuse prise de conscience venait de la frapper, droit au cœur. Quant à cette métaphore **de l'animal blessé**, j'avais tout simplement raconté aux étudiants qu'étant enfant, mon père m'avait empêchée d'aller réconforter le chien de mon voisin qui venait de se faire happer par une voiture, et qui gisait dans une mare de sang. Mon père m'avait dit : « Isabelle, fais attention ! Même si c'est le plus gentil des chiens habituellement, un animal blessé qui souffre peut devenir agressif, réagir violemment à ton approche pour se protéger, et même te mordre. »

La plupart des étudiants avaient, eux aussi, entendu parler de cette réaction instinctive possible d'un animal vulnérable. C'est alors que j'ai ajouté : « C'est bizarre, n'est-ce pas ? Nous faisons tous preuve d'empathie et de compréhension devant le réflexe d'un animal qui souffre, mais les gens de nos vies, eux, ceux que nous aimons le plus, peuvent être en train de souffrir le martyre, avoir le cœur qui saigne douloureusement, mais nous nous attendons à ce qu'ils se conduisent avec respect, dignité, et si jamais ils osent s'écarter du code de conduite attendu, nous les jugeons sévèrement, même nous les éjectons de nos vies, et ce, sans appel. »

Bien que je raconte de nombreuses histoires durant mon cours, celle-là a définitivement fait vibrer le cœur de Janie qui a dû se réfugier dans les toilettes pour cacher ses sanglots. Mais le moment magique que j'ai noté dans mon répertoire est survenu deux semaines plus tard, alors que je corrigeais son analyse, une réflexion profonde, vraiment touchante, voire bouleversante. Janie écrivait :

« Je ne sais pas si, un jour, mon père va pouvoir me pardonner ma cruauté. Je vous raconte notre histoire. Mon père occupait un emploi très ordinaire, ce n'était pas un carriériste, c'était plutôt un homme très simple. Un Italien pour qui sa famille et ses enfants, c'était

toute sa vie. J'ai réalisé qu'au moment où ma mère est devenue amoureuse d'un autre homme et qu'elle lui a imposé le divorce, mon père a dû affronter la pire crise de sa vie. Passant d'une situation où nous étions tous unis, proches et présents les uns pour les autres à la maison, il s'est retrouvé complètement abandonné, seul et triste, avec une famille éclatée et des enfants qu'il ne parvenait qu'à voir, à peine, une fin de semaine sur deux.

« Quand j'allais le visiter dans son petit appartement sombre, il proférait des insultes dénigrantes à l'endroit de ma mère. Il était tellement vulgaire et dégradant dans ses propos contre elle que j'avais le sentiment de comprendre pourquoi elle l'avait quitté. De mon côté, par intégrité pour ma mère, j'ai décidé de cesser de le visiter et de ne plus le rappeler. De plus, j'ai convaincu mon petit frère et ma petite sœur de ne plus jamais aller le voir, eux non plus. Voilà maintenant cinq ans que ça dure.

« En écoutant la métaphore de l'animal blessé durant votre cours, j'ai eu l'image de mon père, en sang, le corps déchiré au beau milieu de la rue, comme si un train lui était passé dessus. Je l'ai vu dans ma tête, souffrant le martyre, tandis que moi, ma seule réaction devant sa détresse fut non seulement de lui retirer complètement ma présence et mon amour, mais en prime, de convaincre ses deux autres enfants de l'abandonner dans l'épreuve, eux aussi.

« En regardant la situation en rétrospective, je n'ai pas de mots pour exprimer à quel point j'ai honte de moi. C'est le genre de contribution que, moi, j'ai fait dans la vie d'un homme qui a pris soin de nous durant toute notre enfance. Comment ai-je pu être aussi inconsciente, aussi insensible, aussi cruelle ? Je regrette tellement. Je ne sais pas si un jour, mon père pourrait être capable de me pardonner mon inhumanité ? »

Ouf ! Pouvez-vous imaginer comment je me sentais pendant que je corrigeais l'analyse de Janie ? Ce fut pour l'enseignante et l'intervenante que j'étais, une expérience sublime et mémorable. J'étais littéralement subjuguée par l'élévation de son niveau de conscience au point que j'en avais les frissons. Elle avait délogé, expulsé son ego. Son âme en avait pris les commandes.

Lors du dernier cours (je vais me souvenir de cette scène toute ma vie), elle est venue vers moi, les yeux pleins d'eau, et m'a remerciée pour ce cours qui avait été « davantage une thérapie qu'un trois crédits universitaires », a-t-elle dit, pour reprendre ses propres mots. Puis elle a ajouté avant de quitter : « Isabelle, je voulais te le dire, car je sais que ça va te faire plaisir... je viens de poster mon analyse de conflit à mon père. » Ouf ! Autre moment magistral pour moi. Droit au cœur.

Elle a conclu : « Aussi, j'ai téléphoné à mon père pour l'inviter à souper chez moi à Noël avec mon frère et ma sœur, car j'ai l'intention de leur demander pardon à tous les trois en même temps. » Moi, je suis restée là devant elle, bouche bée, pour finalement lui demander, avec une voix qui trahissait l'intensité de mon émotion : « Qu'est-ce qu'il t'a répondu ton père après toutes ces années ? » Elle m'a dit : « Lors du premier appel, je n'ai pas très bien entendu ce qu'il disait, car il ne faisait que pleurer au téléphone... »

Wow ! Grâce à mon cours universitaire de 45 heures, j'ai participé à cette réconciliation magnifique. C'est, je crois, mon plus grand succès professionnel, du moins à ce que je sache. C'est même difficile pour moi de raconter cette histoire sans trémolo dans la voix tellement je me sens reconnaissante d'avoir ainsi pu contribuer à leur vie de famille. Aujourd'hui, sachez qu'avant le début de chaque session de mon cours à l'UQÀM maintenant, je fais en sorte de revivre cette scène dans ma tête et je ressens intérieurement ce souvenir dans les pores de ma peau, car je veux demeurer présente à cette possibilité... que tout est possible justement !

En conclusion, retenons qu'en repensant à nos souvenirs porteurs d'espoir de notre passé, nous exploitons le principe voulant que notre cerveau ne fasse pas la différence entre un souvenir et la réalité immédiate. Et ça fonctionne !

Exploiter le présent : écrire des listes

« Lorsque votre vie est un régal, vos problèmes crèvent de faim. »

– Guy Cabana

Après avoir souligné l'importance et l'utilité de capitaliser sur les événements forts de notre passé, voyons maintenant une stratégie complémentaire qui vise à offrir une nourriture plus variée à notre bon loup. L'idée consiste à s'outiller pour mieux exploiter le présent au fur et à mesure qu'il se manifeste à nous, car dans la mesure où l'on connaît au préalable ces petites choses de la vie qui nous font du bien au cœur, nous pouvons nous arrêter et prendre le temps de les déterminer sur une aide visuelle externe, comme dans un mini catalogue, pour les remarquer davantage dans nos vies.

Le mécanisme derrière le pouvoir de l'écriture

Saviez-vous que le simple fait d'engager notre système nerveux à l'écriture de la liste des petits moments quotidiens à « haut potentiel de bonheur » contribue à graver encore plus profondément dans notre esprit, la conscience de ces éléments ? En effet, il est intéressant de savoir que l'action élémentaire de dresser une liste de nos objectifs de vie **par écrit** permet d'activer la **formation réticulée**[2] dans notre cerveau. Cette structure neurologique, aussi appelée « système réticulé activateur », intervient dans les fonctions cognitives telles que l'**attention** qui joue un rôle primordial dans la régulation de la **vigilance**.

C'est le système réticulé activateur qui détermine ce qui attirera notre attention et ce sur quoi nous serons portés à nous concentrer. En bref, c'est le **mécanisme de sélection** de notre esprit, car chaque seconde, des milliards de données entrent dans notre organisme par nos cinq sens, tandis que notre conscience ne peut en traiter que cinq ou neuf à la seconde. Alors, grâce à lui, une quantité astronomique d'informations est donc filtrée pour préserver notre santé mentale.

---

2. Ready et Burton, *La PNL pour les nuls,* 2004.

Par conséquent, en consignant les types d'expériences auxquelles nous pouvons puiser pour augmenter notre niveau d'énergie et notre qualité de vie, nous nous retrouvons à programmer notre système réticulé activateur, lequel augmente notre vigilance pour les données soulignées. Il oriente donc notre perception, élague et sélectionne dans la masse infinie de données, les informations pertinentes. Faire cette liste permet justement à notre système d'être vigilant à l'apparition de ces moments au temps présent et ainsi, de nous alerter de leur présence.

Pour approfondir cette idée, à l'intérieur du livre *The Psychology of Gratitude*, David Steindl-Rast[3] affirme que la gratitude est essentiellement une **célébration**. Ce qu'il entend par célébration, c'est l'acte d'accorder une attention consciente et soutenue envers ce que nous apprécions, et ce, jusqu'à ce que nous soyons envahis par une intensité émotionnelle plus forte, voire distinctive de notre état normal. Alors, êtes-vous d'accord avec moi pour dire que dans la vie, il existe une multitude de situations à célébrer ?

C'est de là que j'ai eu l'idée de dresser ma liste des expériences à potentiel de célébration afin de mieux les reconnaître dès que je les croise dans ma vie, car comme j'ai le vilain défaut d'être toujours pressée, je dois avouer que j'ai intérêt à relire ma liste souvent... Sinon, je file à toute vitesse dans la vie, inconsciente de ma fuite en avant, je laisse de côté des expériences intenses que je ne savoure pas à leur juste valeur. Enfin, si jamais vous souhaitiez vous en inspirer, je vous partage quelques exemples de ma liste personnelle de moments à célébrer (notez qu'ils ne sont pas par ordre d'importance).

---

3. David Steindl-Rast, *Gratitude as Thankfulness and as Gratefulness* (pp. 282-289), in : R. A. Emmons, and M. E. McCullough, *The Psychology of Gratitude*, New York, Oxford University Press, 2004.

Liste des expériences qui me font du bien au cœur

« Celui qui ne sait pas se contenter de peu sera content de rien. »
– Épicure

- Chatouiller le dos de mes fillettes dans leur lit avant qu'elles s'endorment ;
- Donner des becs partout sur le visage de mes filles ;
- Serrer très fort mon amoureux dans mes bras ;
- Visiter mes parents aux Trois-Lacs et faire des marches sur la rue du Lac où j'ai passé mon enfance ;
- Passer du temps de qualité avec les gens que j'aime ;
- Les conversations vraies et profondes (les vraies affaires) ;
- Donner des conférences, inspirer et outiller les gens ;
- Les instants où je suis tellement captivée par une activité que j'en perds la notion du temps ;
- Écouter les gens raconter les moments magiques de leur vie ;
- Recevoir des massages ;
- Découvrir de nouvelles choses, faire de nouvelles distinctions sur le fonctionnement humain ;
- Savourer le fait que je suis en santé et que ma famille l'est aussi ;
- La musique et les films qui élèvent l'âme ;
- Pratiquer la cohérence cardiaque en induisant la gratitude ;
- Danser, courir, chanter, gambader avec mes filles dans le bois ;
- Rire ;
- Entendre les gens rire ;
- Observer l'émerveillement dans les yeux de quelqu'un ;
- Lire des romans de Paulo Coelho, de Bernard Weber ;
- Lire les biographies des leaders qui ont transformé le monde ;
- Observer les gens qui font des gestes tendres ;
- Observer des chefs d'équipe prendre à cœur le développement de leurs employés avec une attention remplie d'affection ;

- L'éclat du soleil sur mon visage ;
- Le son du chant des oiseaux très tôt le matin ;
- Faire des cours de développement personnel et observer l'élévation du niveau de conscience chez les gens (*breakthrough*) ;
- Les bains chauds ;
- Les parfums ;
- Regarder les photos de la naissance de mes filles, de mes voyages, de mes amis, etc.
- Visionner les petits films de mes filles lorsqu'elles étaient plus jeunes ;
- La rue St-Denis à Montréal, j'adore cette rue !
- La vue de Montréal à partir du pont Champlain la nuit ;
- Circuler dans l'UQÀM au niveau du métro ;
- Repenser aux gens, aux mentors qui m'ont aidée dans le développement de ma carrière ;
- Respirer l'air froid l'hiver ;
- Les draps chauds sortis de la sécheuse
- Les margaritas dans le Sud ;
- Et tellement d'autres choses…

Observez votre vie cette semaine et remarquez ce que vous faites lorsque votre niveau d'énergie s'accroît. Cela pourra vous guider pour l'élaboration de votre liste à potentiel de célébration. Autre idée, écrivez à vos proches une lettre intitulée : « Les 25 raisons que j'ai de t'aimer ». Cela vous aidera à orienter votre attention sur les qualités. Ou encore, écrivez une lettre et relatez les moments magiques qui vous ont touché depuis le début de votre relation avec un proche. Faites une liste des « prophètes de bonheur » de votre vie, les gens qui par une parole encourageante ou par un regard rempli de confiance envers vous, ont contribué à qui vous êtes devenu. Écrivez une note à un collègue disant « 10 éléments qui font que sa présence dans le bureau fait tout la différence ».

On remarque la valeur de quelque chose quand on le perd

« Vis comme si tu devais mourir demain.
Apprends comme si tu devais vivre toujours. »

– Gandhi

Si nous désirons approfondir encore plus les distinctions quant à la gratitude, avez-vous déjà remarqué que la crainte de perdre quelque chose (ou simplement sa rareté), nous conduit à en apprécier davantage la valeur ? Sinon, c'est l'habitude, le pilote automatique. Quand nous nous sentons trop en sécurité, nous tenons les choses et les gens pour acquis. Sauf que dès que nous les perdons, leur valeur, soudainement, se multiplie. Prenons un exemple caricatural, nous respirons de l'oxygène en toute inconscience, ce n'est pas une expérience que nous savourons. Mais si un jour, en avion, la dépressurisation de l'appareil fait en sorte que nous n'avons plus d'air à respirer, l'oxygène devient soudainement la seule chose à laquelle nous pensons !

Dans ce sens, à l'École Polytechnique où j'enseigne également, un de mes étudiants me disait qu'il éprouvait une gratitude sans borne devant le fait de pouvoir marcher sur ses deux jambes pour venir en classe. Deux ans plus tôt, après un grave accident, les médecins lui avaient prédit le fauteuil roulant pour le reste de sa vie. On comprend mieux son bonheur de pouvoir marcher. Ayant été touchée par son histoire, le lendemain matin, alors que je joggais au soleil, je me suis mise à célébrer dans mon cœur la forme physique qui me permet de courir et me donne un sentiment de liberté. J'ai remercié la vie. Grâce à son vécu, j'ai pris conscience de ma chance.

Aussi, j'ai observé un nouveau retraité qui, pendant les cinq dernières années de son emploi, avait compté anxieusement les jours le séparant de la retraite. Cela fait trois mois qu'il est « libre » et il réalise maintenant à quel point son emploi lui procurait un bénéfice secondaire important. De fait, les relations de travail avec ses collègues enrichissaient sa vie à un point qu'il n'avait jamais réalisé avant de les perdre. À l'époque, il n'en prenait pas vraiment conscience, mais sortir et aller manger avec eux, cela lui manquait. Il s'ennuyait des conversations informelles, de la joie de vivre d'une autre, de son fou rire exubérant. Il m'a confié qu'au lieu d'avoir attendu la fin de son emploi, comme un prisonnier attend la fin de sa sentence, il aurait été préférable qu'il axe son attention sur ses relations de travail qui ajoutaient beaucoup à sa qualité de vie.

Dans le même ordre d'idées, le conjoint d'une de mes amies s'est soudainement mis à apprécier l'importance de celle-ci et toute la valeur qu'elle avait dans sa vie le jour où elle l'a quitté. Pendant les dix dernières années de leur vie commune, il ne semblait même pas remarquer sa présence dans la maison ? Voici un autre exemple éloquent. Nous avons tendance à tenir notre santé pour acquise quand nous sommes jeunes et en forme, mais après des traitements de chimiothérapie, la rémission qui vous donne une autre chance, devient *LE* cadeau qui transforme votre vie. À cet égard, dans son livre *Anticancer*, Servan-Schreiber relate que les survivants du cancer, ceux en fait qui réussissent à y survivre, acquièrent une espèce de force tranquille, une attitude de gratitude. « Ils sont devenus capables de percevoir une dimension de la vie qui leur échappait jusque-là. Comme si une sorte de rayon X leur permettait de distinguer l'essentiel au-delà du brouillard du quotidien.[4] »

C'est peut-être ce qui s'est passé avec un homme que j'ai connu. Âgé d'une soixantaine d'années, il était condamné par un cancer fatal. Durant les semaines qui ont précédé sa mort, son rapport à la vie s'était littéralement transformé. Il disait avoir eu les larmes aux

---

4. David Servan-Schreiber, *Anticancer*, p. 315.

yeux en admirant un coucher de soleil rose-orangé, il en a savouré le spectacle à plein, car il croyait que c'était probablement son dernier. Lorsque ses petits enfants sont venus le visiter, il n'a pas cessé de contempler cet instant de la vie. Il appréciait à leur juste valeur le charme et la joie qui émanaient d'eux. Ses yeux voulaient tout capter, tout enregistrer. Quand sa femme lui prenait la main, il devenait présent à sa chaleur, sa douceur, à tout l'amour que son toucher lui transmettait. Son attention, son âme, son cœur tout entier plongeaient dans chaque petite expérience, même les plus anodines. Ces expériences de vie que trop souvent il n'avait pas remarquées avant de savoir qu'il allait mourir incessamment.

John Izzo, l'auteur du livre *Ce qu'il faut savoir avant de mourir*[5], raconte que pour avoir discuté avec plusieurs personnes atteintes du cancer, elles s'entendent généralement pour dire qu'au moment du diagnostic, deux choses se produisent. « Le temps ne semble plus avoir la même dimension. Soudain, il semble filer à toute vitesse. Et simultanément, il semble ralentir. Soudain, chaque instant et chaque jour sont chéris et vécus pleinement.[6] » En ce sens, certains ont même comparé leur maladie à un « don » qui leur a permis de vivre vraiment le moment présent.

Utiliser la mort

« La mort ferme les yeux des mourants et ouvre ceux des vivants. »

– Gilbert Cesbron

Alors, je vous propose d'utiliser le concept de l'anticipation de votre mort comme outil pour être encore plus vivant dans votre vie. Par exemple, si on vous annonçait que vous alliez mourir dans trois semaines, il deviendrait urgent de vous investir dans ce qui compte vraiment, non ? La rareté du temps à vivre change complètement notre relation vis-à-vis de la vie. John Izzo confie que sa femme et

---

5. John Izzo, *Ce qu'il faut savoir avant de mourir*, Brossard, Les éditions Un monde différent, 2009.
6. *Ibid.*, p. 133.

lui parlent souvent de la mort, car ils tentent de vivre en demeurant conscients de sa présence.

Cet auteur nous raconte son expérience en disant que s'il n'y fait pas attention, il se trouve constamment en train de « passer à travers les choses », mais sans les apprécier. Il disait avoir pris conscience de ce phénomène lors d'une marche avec sa chienne. Il remarqua que l'animal adorait cette promenade tandis que lui, ne l'appréciait pas vraiment, mais souhaitait plutôt qu'elle prenne fin. « Je ne cessais de lui répéter : "Allons, viens". Elle vivait le moment présent, et moi, je passais à travers lui[7] », écrit-il.

En ce qui me concerne, j'ai été frappée par ce passage, car j'avais l'impression qu'il parlait de ma vie. Mon sentiment d'urgence dont je vous ai parlé, l'impression que le temps est compté, mon anxiété de performance, l'impatience qui en découle : cela me fait passer *à travers* ma vie à 200 km/h ! Je dois me battre contre ce réflexe intérieur constamment, car je n'ai vraiment pas l'intention de passer à côté de ma vie et encore moins d'en ignorer l'intensité.

Je vous propose l'exercice suivant : imaginez qu'il ne vous reste que six mois à vivre et demandez-vous alors quels seraient les petits bonheurs quotidiens que vous apprécieriez le plus ? Avec qui voudriez-vous investir votre temps ? Que voudriez-vous dire à ces gens ? Pensez à cinq choses que vous voudriez accomplir avant cette échéance ? Quel genre de personne voudriez-vous être dans le monde d'ici à la fin ? Cet exercice nous aide à déterminer les choix que nous devons faire pour mener une vie plus nourrissante et plus cohérente avec nos valeurs profondes, car si nous n'établissons pas

7. *Ibid.*, p. 131.

de plan d'action et de code d'honneur, l'instinct nous mène à réagir aux urgences et à être influencé par les pressions extérieures.

La gratitude nous rend inspirants

Plus nous sommes de bons vivants et plus nous avons une capacité d'appréciation accrue, plus c'est facile pour nous d'être inspirants et d'attirer les gens vers nous. À ce titre, préférez-vous la présence des gens qui apprécient la vie, qui semblent heureux d'un petit rien ? Ou préférez-vous la présence des éternels insatisfaits qui tiennent tout pour acquis et qui vont même trouver tous les moyens de se plaindre pour des riens ?

Les gens d'un naturel reconnaissant rayonnent davantage, ils ont souvent un large sourire et des yeux brillants. Leur énergie est plus vive, ils sont comme des aimants et nous attirent vers eux. Souvent, au contact de ce type d'individus, nous nous disons : « *Je ne sais pas pourquoi, mais cette personne m'interpelle, me fascine ; je ne me lasserais pas de la regarder et de l'écouter.* » En état de gratitude, nous transmettons de l'énergie à ceux qui nous entourent au lieu de leur en drainer. Nous nous sentons connectés à la vie et juste d'être près d'eux, nous vibrons et nous rayonnons. Ressentir la gratitude augmente notre charisme. Les gens nous trouvent plus inspirants et notre simple présence leur fait du bien. C'est un vaccin contre l'isolement et la solitude.

Arrosez les fleurs, pas les mauvaises herbes[8]

> « *Soyons reconnaissants envers les gens qui nous rendent heureux. Ils sont les jardiniers qui font fleurir notre âme.* »
>
> – Marcel Proust

---

8. J'ai emprunté le titre du livre de Fletcher Peacock : *Arrosez les fleurs, pas les mauvaises herbes.* C'est un excellent ouvrage où il traite de la communication orientée vers les solutions, principes puissants que j'enseigne à partir de son livre dans mon cours COM1625 à l'UQÀM.

D'ailleurs, n'est-on pas porté à avoir envie d'en faire plus pour les gens qui savent apprécier? Le fait qu'ils soient reconnaissants stimule notre générosité. Tandis que ceux qui se plaignent tout le temps nous rendent mesquins et nous donnent plutôt le goût de les fuir, n'est-ce pas? Alors, comme le dirait Tom Peters: «Célébrons ce que nous voulons voir se manifester davantage!» En fait, il s'agit d'accorder notre attention à ce qui va bien, à remercier et à reconnaître verbalement ce que nous apprécions chez nos proches, car comme le dirait mon collègue conférencier, Fletcher Peacock, il faut savoir arroser les fleurs chez les gens, pas leurs mauvaises herbes. Nos amis anglophones ont une expression pour illustrer ce principe: «*Where attention goes, energy flows*», c'est-à-dire qu'on fait fleurir ce sur quoi on porte notre attention. Alors, nourrissons les beaux aspects des gens.

Prenons un exemple, **faites comme si vous étiez mon amoureux** et testons l'effet produit en vous par deux communications différentes.

Communication A

«*Mon amour, je suis en train d'écrire mon livre et ça m'amène à lire plusieurs recherches sur la psychologie de la gratitude, ses effets sur la physiologie du corps, sur le niveau subjectif de bonheur et sur les effets de la reconnaissance au sein des relations. Indirectement, plus je lisais sur le sujet, plus j'ai pris conscience de tout ce que toi, tu fais pour moi. Cela fait plusieurs années que tu prends soin de moi de mille et une façons. Je ne l'avais jamais vraiment réalisé, mais en rétrospective, cela fait 17 ans que je n'ai jamais eu à sortir les poubelles, à mettre du lave-glace dans ma voiture, à réparer les bris de la maison, à faire la pelouse, ni à m'occuper de l'entretien du terrain.*

«*Oui, ça fait 17 ans que tu allèges ma vie de ces petites tâches quotidiennes et je n'ai jamais pris le temps de t'en remercier. Merci de tout mon cœur. Je prends conscience de ma chance aujourd'hui. De plus, j'ai réalisé en plus que je n'aurais jamais pu choisir un meilleur père pour mes filles. Tu es toujours là pour elles. Tu es présent, dédié, dévoué, plein d'amour. Je sais qu'avec toi, nos filles ne manqueront jamais de rien. C'est important pour moi que tu le saches maintenant, à quel point je t'apprécie, à quel point ta seule présence dans ma vie fait toute la différence!* »

Communication B

J'arrive et je dis: « *Ouain... j'te dis que tu n'es plus aussi empressé qu'au début, hein!* »

On constate que la communication A touche et donne le goût de continuer les petites attentions puisqu'elles sont appréciées: « La madame est contente. » Tandis que la communication B vous donne peut-être l'envie de vous dire intérieurement: « *Pas aussi empressé qu'au début tu dis? Alors là, tu n'as rien vu, ma chère!* », n'est-ce pas? La communication A abreuve les fleurs dans notre relation, tandis que la communication B arrose les mauvaises herbes.

Quel genre d'attitude adoptez-vous le plus souvent? Êtes-vous davantage un détecteur de fautes ou un détecteur de potentiel? Un donneur ou un draineur d'énergie? Et dans le but d'aller plus loin dans cet exercice, il peut s'avérer utile de demander le *feedback* de nos proches quant à notre tendance véritable, car malheureusement, nous ne sommes pas très conscients de l'impact réel de notre communication chez les gens... En fait, le premier réflexe devant ce type de questions, c'est de répondre en fonction de nos valeurs et de nos idéaux au détriment de nos comportements réels. Rares sont ceux qui prennent le temps de s'observer et de remarquer l'impact réel de leur style de communication.

CHAPITRE 18

L'intelligence émotionnelle dans notre rapport avec les autres

Les émotions sont contagieuses

Nous savons tous que les émotions sont contagieuses. Vous est-il déjà arrivé d'écouter le discours d'une personne passionnée et de devenir vous aussi fasciné par l'enthousiasme de son récit? Dans la même veine, les bons vivants n'ont qu'à se tenir près de nous, sans rien faire ni parler, et nous sommes contaminés par leur joie de vivre et par ce sourire qui rayonne sur tout leur visage. D'autres, les boudeurs et les grognons, vont drainer notre énergie avec leur frustration radioactive. Ils n'ont pas besoin de parler non plus, mais leur présence vient altérer le moral des troupes, car l'intensité de leur colère est probablement même diffusée par leur champ électromagnétique.

Au chapitre 16, nous avons parlé des recherches du HeartMath Institute expliquant que nos émotions modifient la structure de fréquence de notre champ électromagnétique, laquelle change radicalement selon nos différents états émotionnels. Nous disions que la frustration produit un signal cardiaque incohérent tandis que la reconnaissance crée un signal harmonieux et cohérent. Les scientifiques ont également observé que notre champ électromagnétique peut être capté dans les électroencéphalogrammes des gens qui nous entourent. Selon les chercheurs du HeartMath Institute, nous diffusons continuellement nos états intérieurs aux autres en leur transmettant un signal subtil sur le plan électromagnétique.

Quel genre d'effet électromagnétique désirez-vous produire chez les gens ? La communication, c'est ce que nous ressentons, pas ce que nous disons ! Quels sont vos traits émotionnels dominants ? Est-ce que l'énergie émanant de votre présence inspire et réconforte, ou si elle alourdit et affaiblit ?

Bâtir de l'intensité

Si notre intention c'est d'utiliser notre intelligence émotionnelle pour faire du bien aux autres et parvenir à **contaminer positivement notre entourage**, quelle stratégie s'offre à nous ? En fait, la base consiste alors à se pratiquer à ressentir avec puissance les émotions qu'on souhaite diffuser ; en augmenter la charge émotionnelle avec plus d'ardeur. Bref, bâtir en nous de l'intensité en fonction des émotions précises recherchées. J'ai dû pour ma part me pratiquer à ressentir la gratitude à une intensité très particulière pour qu'enfin je puisse la diffuser et partager cet état émotionnel avec mes groupes.

L'élément le plus fort entraîne les autres

Dans le but d'illustrer ce principe par une analogie, avez-vous déjà entendu parler du principe de synchronicité par résonance des systèmes oscillatoires, découvert par Christiaan Huygens ? Ce grand mathématicien et physicien du 17e siècle retirait une grande fierté de sa collection de **pendules.** « Un jour, il s'aperçut que tous les balanciers oscillaient en même temps et de la même façon. Intrigué, il modifia la position de tous les balanciers afin que l'oscillation se fasse indépendamment. À son grand étonnement, quelque temps après, les balanciers oscillaient de nouveau tous ensemble de la même façon... Dans tout système oscillatoire, le phénomène d'entraînement synchrone fait que **l'élément qui oscille le plus fort entraîne les autres oscillateurs de moindre puissance.**[1] »

D'un point de vue électromagnétique, on peut utiliser cette métaphore pour dire que dans un groupe, plus une personne est empreinte d'intensité par une émotion donnée, plus elle sera en mesure de diffuser son humeur aux autres en les entraînant dans son sillon. Retenons donc qu'en mettant en action la puissance électromagnétique de notre cœur, nous pouvons entraîner les autres « cœurs » à osciller, eux aussi, dans l'état de cohérence, de gratitude, de joie de vivre, d'espoir, etc.

La résonance limbique

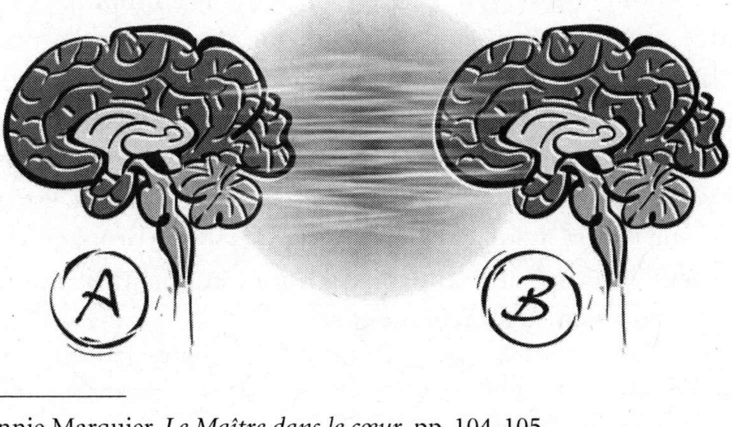

1. Annie Marquier, *Le Maître dans le cœur*, pp. 104-105.

Pour expliquer comment il est possible que les humeurs soient contagieuses, Goleman[2] ajoute que pour mieux assurer la survie de l'espèce humaine, la nature aurait équipé nos cerveaux de structures limbiques communicantes capables d'envoyer des messages d'un cerveau à l'autre, sans que nous ayons besoin d'avoir recours au langage. De fait, équiper la nature humaine d'un tel appareillage biologique, c'est probablement la façon la plus sûre de s'assurer qu'on aille au-devant des besoins affectifs des autres. Essentiellement, le phénomène décrit ici, c'est le principe biologique de l'empathie, une forme de résonance intérieure qui nous fait ressentir ce que l'autre ressent. Alors, s'il souffre, nous devrions avoir l'impulsion d'aller le secourir.

Vous est-il déjà arrivé de croiser le regard de quelqu'un et d'avoir l'impression de connecter, âme à âme, avec lui ? Sans même vous parler ou vous toucher, ressentir par le seul biais du regard, que vous « êtes ensemble » intensément ? Juste être connecté à l'autre et éprouver les sensations de cette connexion qui circulent entre vous ? Avoir soudainement le sentiment de reconnaître l'autre, vraiment ? De le connaître depuis toujours ?

Concrètement, c'est l'œuvre de la **résonance limbique**, c'est-à-dire que les deux systèmes nerveux sont, à cet instant, **synchronisés**. Et ce phénomène procure aux deux organismes beaucoup d'énergie. Le temps semble suspendu et l'instant devient magique. Nous vivons un moment d'éternité. Qui plus est, la résonance limbique est aussi attribuée au phénomène du **coup de foudre** ou de l'amour au premier regard. Et cette vibration intérieure (comme un chatouillement dans le ventre), lorsque nous nous connectons au regard d'une personne qui nous attire, c'est la résonance limbique à son plus fort. Car si vous ressentez ce chatouillement, dites-vous que c'est contagieux et que l'autre aussi le ressent. La connexion se propage, devient encore plus intense, prend de l'expansion, et construit par le fait même, le sentiment d'attachement affectif.

---

2. Daniel Goleman, *Primal Leadership*, 2002.

Par ailleurs, sachons qu'il est essentiel pour un être humain de ressentir ce **sentiment de connexion et d'intimité** avec ses pairs. David Servan-Schreiber va même jusqu'à dire que l'amour est un besoin biologique. À titre d'exemple, il cite le cas de ces épouvantables orphelinats[3] roumains, où les jeunes enfants étaient parfois attachés à leur lit et nourris comme des animaux. Sans aucune nourriture affective, la plupart d'entre eux mouraient ! Ces crèches étaient communément appelées par les sociologues « des mouroirs » tellement le taux de survie était faible. Pourquoi ces enfants abandonnés étaient-ils si nombreux à perdre la vie ? C'est simple. Ils se laissaient mourir, faute de pouvoir compter sur une présence chaleureuse et aimante. Aucun regard plein d'amour, aucune main qui caresse, personne pour prononcer des mots tendres. Rien pour nourrir leurs cœurs et les rattacher à la vie. Pour résumer, bien que nous mourions moins rapidement par manque d'amour que de nourriture, la conclusion est la même. Ceux qui n'éprouvent pas cette connexion affectueuse en souffrent cruellement.

Les effets d'une présence réconfortante

Pour poursuivre encore plus profondément, dans les distinctions, mes lectures sur l'aspect « social », des neurosciences affectives ont été particulièrement captivantes. Par exemple, des recherches réalisées dans des unités de soins intensifs ont démontré que la présence réconfortante d'une autre personne, abaisse non seulement la pression artérielle du patient, mais en plus, ralentit la sécrétion d'un acide gras qui bloque les artères[4] ! Les scientifiques parlent de « régulation limbique interpersonnelle » pour expliquer que le cerveau émotionnel d'une personne transmet au système nerveux de l'autre personne des signaux qui altèrent les niveaux d'**hormones**, les **fonctions cardiovasculaires**, les **rythmes du sommeil** et même

---

3. David Sevan-Schreiber, *Guérir*, p. 190.
4. The comforting effect : Lisa Berkman et al., « Emotional Support and Survival after Myocardial Infarction », *Annals of Internal Medicine*, 1992. Cité par Goleman in Primal Leadership, p. 6.

les fonctions **immunitaires** à l'intérieur du corps d'un autre individu[5].

De façon concrète, pour appuyer le phénomène empathique, la nature nous a aussi dotés d'hormones, telles que l'**ocytocine et la vasopressine,** qui favorisent la création de liens de confiance et d'attachement entre nous. À ce titre, saviez-vous qu'immédiatement après la naissance de son enfant et même durant tout l'allaitement, la mère atteint un niveau inégalé d'ocytocine naturelle, aussi considérée comme **l'hormone de l'amour, de l'attachement et de la confiance** par excellence. Cette hormone diminue également l'agressivité et donne le réflexe instinctif de prendre soin de l'autre. Plus abondante chez la mère nourricière, cette hormone est tout de même présente à différents degrés à l'intérieur de nous. D'ailleurs, dans un article du *Harvard Business Review*[6], le Dr Edward M. Hallowell explique que les niveaux d'ocytocine et de vasopressine augmentent dès que nous ressentons de l'**empathie** pour une autre personne, et plus particulièrement lorsque nous avons une rencontre physique face à face. Alors, soyons généreux, délaissons un peu les courriels et le téléphone, et exploitons donc le pouvoir de la présence physique.

L'effet miroir

5. Daniel Goleman, *Primal Leadership*.
6. Edward M. Hallowell, « The Human Moment at Work », *Harvard Business Review*, Jan. 1, 1999.

D'autre part, cette contagion limbique, quoique très réelle et mesurable, opère habituellement sans que nous en ayons conscience. Goleman cite une recherche où les scientifiques ont été en mesure d'observer cette synchronisation sur vidéo en filmant deux personnes en bonne conversation. Au début de celle-ci, les deux corps fonctionnaient à des rythmes différents. Toutefois, après seulement 15 minutes, leurs physiologies s'étaient ajustées l'une à l'autre. Ce phénomène, appelé **l'effet miroir**[7] confirme que dans les moments où nous nous connectons avec quelqu'un, nos deux systèmes nerveux se synchronisent. Les observateurs pourront même remarquer que chacun hoche la tête du même côté, qu'ils ont les jambes croisées sous la table de la même façon, que leurs jambes balancent au même rythme, que les deux changent de position sur leur chaise au même instant, etc. En fait, nous sommes entraînés par la chorégraphie de l'autre, sans même en avoir conscience.

En outre, sachons que les **êtres très empathiques** sont reconnus pour un don exceptionnel. Ils sont les spécialistes de l'effet miroir en relation, car plus rapidement et plus efficacement que les autres, les gens empathiques reproduisent facilement les mimiques de leur partenaire, mais surtout, ils sont en mesure de synchroniser leur physiologie à celle de l'autre. Donc, quand le rythme cardiaque de leur interlocuteur augmente ou diminue, ces derniers voient leur rythme cardiaque s'ajuster de façon correspondante. Autrement dit, ils sont ainsi aptes à des **prouesses biologiques** surprenantes en induisant ce phénomène biologique, le **mimétisme**[8]**,** qui décrit une sorte d'osmose émotionnelle intime.

L'empathie, notre radar social

À ce titre, l'empathie, c'est comme notre radar social, le détecteur qui nous confère (ou non) cette sensibilité ou capacité de nous ajuster au vécu des gens. Et nous pouvons développer notre

7. Daniel Goleman, *Primal Leadership*, 2002, p. 7.
8. Daniel Goleman, tome 2, 1999, p. 164.

capacité empathique en misant sur un mimétisme conscient. Par exemple, nous nous adaptons à l'autre à travers les expressions faciales puisque lorsque nous voyons un visage heureux (ou coléreux ou effrayé), il suscite en nous une émotion similaire. « **Comme si notre aptitude à « habiter » l'espace émotionnel d'autrui était fonction de notre capacité à nous régler sur son allure, à imiter sa position et les expressions de son visage**[9] ». En fait, les spécialistes prétendent que si nous adoptons la signalétique corporelle de notre partenaire, nous commencerons à « nous imprégner du climat émotionnel qui l'habite[10]. »

Donc, si nous activons en nous les mêmes clés émotionnelles, nous sommes plus en mesure de « lire » notre interlocuteur puisque nous sommes présents à ce qu'il ressent. Ainsi ajustées, nos interventions auprès de lui risquent davantage de « sonner juste » puisque nos instruments sont maintenant accordés.

---

9. Daniel Goleman, *L'Intelligence émotionnelle-2,* 1999, pp. 164-165. C'est moi qui souligne en caractères gras.
10. *Ibid.*, pp. 164-165.

CHAPITRE 19

Le plus « émotionnellement expressif » influence les autres

Par ailleurs, nous n'avons pas besoin d'être « en relation » avec quelqu'un pour que l'effet miroir se produise. Même sans se parler et sans contact, un phénomène similaire se produit lorsque des individus sont physiquement proches les uns des autres.

Par exemple, une étude sur l'humeur démontre que quand trois étrangers s'assoient en face les uns des autres en silence pendant une minute ou deux, « celui qui est le plus expressif sur le plan émotionnel transmet son humeur aux deux autres en seulement deux minutes. L'humeur de la plus expressive des personnes (que ce soit la joie, l'ennui, l'anxiété ou la colère) gagne peu à peu celle des autres[1] », et ce, même sans qu'aucune parole ne soit prononcée. L'humeur devient alors comme un **aimant** pour le cerveau émotionnel de l'autre qui se met à la suivre. En fait, la personne la plus expressive devient ce que les spécialistes appellent un **attracteur limbique**.

De plus, il est intéressant de savoir que pour une équipe de travail en réunion, les gens partagent leur humeur en moins de deux heures et que plus le groupe est cohésif, plus le phénomène de partage de l'humeur sera puissant.

---

1. *Ibid.*, p. 199. C'est moi qui souligne.

Le théâtre de l'expression émotionnelle

Comme le dit Howard Friedman, psychologue à l'Université de Californie, l'expression émotionnelle, c'est comme du théâtre, la « communication éloquente, passionnée, inspirée, combine l'impact des **expressions faciales, vocales, gestuelles et des mouvements du corps** ». Les recherches de Friedman ont démontré que ceux qui possèdent cette éloquence sont plus enclins à pouvoir émouvoir, inspirer les autres, **captiver leur imagination**[2]. Donc, si les mots sont présents plus précisément, en matière de communication : « La règle générale est que 90 % au moins des messages affectifs sont non-verbaux[3] ». Somme toute, si le transfert d'humeur va de l'individu le plus expressif vers l'individu le plus passif, maximisons notre influence, exploitons davantage **notre petit côté théâtral** !

Il y a quelque temps, je lisais dans un roman la phrase suivante : « **Les aliments tièdes n'affectent pas le palais** » et je me suis mise à faire le parallèle avec d'autres situations où le même principe s'applique. N'est-ce pas que les professeurs tièdes n'influencent pas leurs élèves ? Les politiciens tièdes ne développent pas leur pays, les employés tièdes passent inaperçus, etc. Ayons le courage de nos convictions, n'hésitons pas à être plus intenses, **plus exubérants, car dès que nous nous prenons trop au sérieux,** nous sommes alors plus soucieux de notre image que de notre message et nous risquons de devenir plus tièdes et plus ennuyeux. Et surtout, nous n'influencerons personne. Pour nous rassurer, rappelons-nous de la suggestion suivante du Dr Seuss : « Soyez qui vous êtes et dites ce que vous ressentez, parce que ceux qui en sont importunés ne comptent pas, et ceux qui comptent n'en seront pas importunés. »

---

2. D. Goleman, *L'Intelligence émotionnelle-2*, 1999, p. 203. C'est moi qui souligne.
3. *Ibid.*, p. 153.

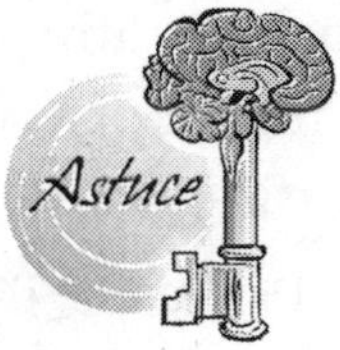

Soyez plus expressif de votre joie de vivre en la démontrant par votre corps, imitez-la. Dites à votre visage que vous êtes heureux ! Mettez plus d'intensité et plus d'émotions dans votre voix. Parlez en images et utilisez davantage votre corps en appuyant vos propos avec vos mains, par de la gestuelle. Exploitez les silences en prenant des pauses au milieu d'un discours enflammé. Ainsi l'attention des gens n'en sera que plus forte lorsque vous recommencerez à parler. Pour transmettre votre passion, parlez plus fort et plus vite. Bref, bâtissez en vous de l'intensité pour devenir un attracteur limbique capable d'influencer les cerveaux émotionnels des gens qui vous entourent pour qu'ils se synchronisent avec vous.

Notre corps parle plus fort que nos mots

« Qui a confiance en soi conduit les autres. »

– Horace

À titre de consultante, j'ai eu la chance d'observer la mise en scène de différents acteurs en entreprise et lorsqu'on est attentif aux comportements non-verbaux des gens, il est fascinant de constater à quel point les réunions et les rencontres d'équipes sont comme du théâtre. Certains offrent une performance qui captive l'attention de tout le monde alors que d'autres malheureusement n'endossent que des rôles de soutien, ne communiquent pas avec suffisamment d'éloquence l'étendue de leur potentiel, souvent gigantesque, par ailleurs.

Un jour, lors d'une réunion, j'ai remarqué que lorsque Luc, l'un des participants prenait la parole, d'emblée, tous les autres cessaient de parler pour l'écouter et le regarder avec attention. Ce n'était pas le plus diplômé du groupe et il n'avait pas non plus de statut d'autorité. J'ai trouvé cocasse qu'un autre membre, pourtant très diplômé et l'expert formel en la matière, développait sur le point en question, et n'arrivait pas à attirer l'attention. Personne ne le regardait et certains participants parlaient même entre eux pendant qu'il tentait de s'affirmer, et ce, même si ce dernier détenait un poste supérieur aux autres dans le groupe.

Comment expliquer ce phénomène? Le premier, Luc, avait un ascendant naturel. Il projetait une grande estime de lui. Il était confiant, s'exprimait avec conviction. Il parlait fort, avec un rythme plutôt rapide. Il soutenait le regard de chaque membre du groupe ou presque. Son vocabulaire était simple et allait droit au but. On observait qu'il « s'attendait » à être écouté. Et nous, nous nous sentions interpellés dès qu'il ouvrait la bouche! Il dégageait beaucoup d'énergie et habitait l'espace. Il était intense (je n'aurais pas voulu entrer en conflit avec lui...). Sa seule présence faisait une différence. Il endossait la chorégraphie du leader. Attracteur limbique: 9/10.

Éric, l'expert, adoptait quant à lui la chorégraphie de la victime, de l'impuissance. Il parlait d'une voix basse, monotone et hésitante. Il donnait l'impression de ne pas se sentir à sa place, d'être mal à l'aise dans son corps, le dos voûté, il était pour ainsi dire invisible dans l'espace. À son contact, nous ressentions son bas niveau d'énergie et sa faible estime de lui-même. Sa voix était comme emprisonnée dans sa gorge, il ne projetait pas de conviction dans le groupe. Bref, rien dans ses gestes et son non-verbal ne pouvait captiver les cerveaux limbiques des autres membres du groupe. Attracteur limbique: 0/10.

Par contre, s'il recevait un *coaching* pour développer son intelligence émotionnelle, toute cette séquence serait alors décortiquée et sa confiance et sa certitude pourraient être renforcées en lui d'un point de vue physiologique d'abord. Son cerveau limbique s'ajusterait aussi pour induire plus de confiance du côté de son ressenti subjectif!

Tout dans notre non-verbal parle. Notre corps transmet nos émotions et communique notre énergie, notre estime de soi, notre confiance, nos intentions. Le pouvoir d'influence est pour ceux qui sont plus convaincants, plus entraînants. De plus, lorsqu'une personne nous interpelle, nous fascine, c'est probablement parce qu'elle est charismatique. Le charisme est un phénomène émotionnel et surtout, énergétique. Je me rappelle que ma grand-mère disait d'une voisine : « Cette femme-là a beaucoup de magnétisme », car en effet, elle nous attirait à elle comme un aimant !

Prenons à titre d'exemple le ***sex-appeal***, un phénomène émotionnel et énergétique qui a peu à voir avec la beauté extérieure réelle d'un individu. Peut-être avez-vous déjà rencontré une superbe belle femme ou un super bel homme de type « couverture de magazine » qui, après vous avoir frappé au début, par la perfection de leur beauté, vous font ensuite réaliser que leur présence est plutôt fade, qu'ils dégagent peu et que vous vous lassez même de les regarder ? Et peut-être vous est-il déjà arrivé de faire la connaissance d'une personne moins choyée par la beauté, d'apparence « moyenne » à vos yeux, mais plus elle s'exprimait, plus elle devenait belle et fascinante à observer ? Le charme, le *sex-appeal*, le magnétisme, c'est la magie qui opère.

Le leader charismatique

Bien qu'à l'origine, le terme « charisme » se reportait avant tout à la religion, nous l'utilisons plutôt aujourd'hui pour faire référence à la passion, à la générosité de l'investissement personnel et émotionnel que diffuse un individu qui a accès au meilleur de lui-même et qui sait prendre sa place. Dans n'importe quel groupe, n'importe quelle famille, des individus dotés de charisme influencent davantage que d'autres. Au sein de n'importe quel environnement de travail, des leaders charismatiques émergent et se distinguent du groupe. Ces individus n'ont pas besoin de titres ni d'autorité formelle, pour influencer les troupes. Ils ont simplement le don de faire en sorte que les gens les écoutent, leur accordent de la crédibilité et ont envie de les suivre.

Conduire les émotions des autres

Nous n'avons pas à être élu ni même d'être un patron en autorité pour avoir du leadership et être une importante **source d'influence**. Dans son livre, *Primal Leadership*, Daniel Goleman explique le fonctionnement émotionnel du phénomène de leadership. Il a remarqué un trait commun aux grands leaders : ils nous touchent, enflamment notre passion et inspirent le meilleur en nous. Lorsque les chercheurs ont voulu comprendre ce qui expliquait à quel point l'influence de ces leaders pouvait être si efficace, ils ont postulé au départ que c'était grâce à l'intelligence de leur stratégie, leur vision, la puissance de leurs idées. Mais en réalité, leurs découvertes leur ont fait prendre conscience que c'était beaucoup plus « primaire » que cela. En fait, leur **leadership d'exception fonctionnait à travers les émotions.** Tout leur succès à accomplir des objectifs tenait à une composante essentielle : les leaders d'exception savaient **conduire les émotions des troupes dans la bonne direction**.

Ces personnes dites charismatiques sont dotées d'une puissance d'attraction et d'entraînement qui mobilise les gens. Elles se donnent vraiment et leur générosité est exemplaire. Il y a aussi une notion de cœur, de cohésion et de proximité avec les gens, puisqu'elles ne sont pas différentes de nous, nous nous sentons proches d'elles, elles sont accessibles. De plus, ces personnes possèdent les caractéristiques pour aspirer à devenir de puissants agents de changements dans un groupe, surtout si les gens autour doivent faire face à une période d'adversité.

Un contexte difficile

« Lors des grandes crises se lèvent les grands leaders. »

– Auteur inconnu

D'emblée, le terrain de développement propice au leader charismatique est difficile, rempli de dangers et de crises pouvant affaiblir la grande majorité des gens. Mais le leader qui, dans ce contexte, devient un virtuose de l'intelligence émotionnelle, peut non seulement réussir à maîtriser ses propres émotions, mais canalise et oriente les émotions des autres afin de les conduire dans sa direction.

L'élection de Barak Obama à la présidence des États-Unis en est une preuve éloquente. C'est lors de la course à la présidence entre McCain et Obama que la crise financière a frappé fortement. Selon certains spécialistes, c'est la réaction d'Obama à cette crise qui aurait fait la différence dans les intentions de votes des Américains. Il a su incarner dans son corps cette capacité de **demeurer calme** malgré la pression. Ce faisant, il a apaisé une partie des craintes ainsi que leur cerveau émotionnel puisqu'une telle attitude inspire **confiance**. Son non-verbal parlait en langage émotionnel faisant inconsciemment sentir aux gens qu'il avait l'étoffe nécessaire pour relever le défi de résoudre cette crise.

De plus, il est aussi intervenu pour apaiser l'émotion de désespoir de ses concitoyens qui, plongés au sein d'un marasme économique rarement vécu et empêtrés dans une sorte de découragement national, ces Américains avaient besoin de croire en la possibilité d'un changement radical. C'est dans ce contexte qu'Obama a su faire vibrer dans leurs cœurs, la corde de l'**espoir**.

Moi qui suivais cette campagne de loin, je ressentais chez lui une **solidité intérieure** et une grande **sincérité**. J'ai eu l'impression que l'intention de cet homme n'était pas de nourrir son ego ni de satisfaire ses ambitions personnelles. Il semblait porter une mission qui n'était pas à propos de lui-même. Ses valeurs paraissaient nobles et altruistes comme si son intention primordiale était de contribuer de toute son âme à faire une réelle différence. Enfin, en ce qui me concerne, quand les gens me donnent cette impression, mon cerveau émotionnel les trouve irrésistibles et j'ai envie de les suivre. Remarquez que je ne suis certainement pas la seule à avoir été sous le charme, car d'avoir été le premier afro-américain élu de l'histoire des États-Unis, c'est le tour de force qui en a surpris plus d'un ! Obama a su être un éloquent attracteur limbique.

Les faiseurs de mariage

Il y a quelques mois, je lisais dans un livre d'histoire, qu'autrefois, dans la famille traditionnelle de l'Europe orientale, les mariages entre les jeunes étaient prédéterminés par les parents. Ces pratiques n'allaient pas sans susciter de vives résistances chez les futurs promis. C'est pourquoi, avant même d'avoir annoncé à leur fils (ou leur fille) celui ou celle qu'ils avaient choisi, les parents avaient recours à des « **faiseurs de mariage** » afin de faciliter le processus.

Au départ, le faiseur de mariage prenait l'un des deux promis à part, par exemple la jeune femme, et la questionnait à savoir si elle avait remarqué tel jeune homme ? La regardant avec grande attention, il ajoutait : « Observez-le avec soin, il semble attiré par vous, mais soyez discrète, car il a l'air timide. »

Immédiatement après, le faiseur de mariage se dirigeait vers le jeune homme et lui tenait le même discours, lui demandant s'il avait remarqué la jeune dame visiblement attirée par lui ? Ensuite, il pouvait quitter les lieux, car son travail était fait. Vous devinez ce qui se passait par la suite ? Les jeunes « s'attrapaient » tous les deux en flagrant délit de se regarder avec intérêt et ils se disaient probablement : « *Wow, c'est vrai qu'il (ou elle) me regarde tout le temps !* » L'intérêt de l'un bâtissait l'intérêt de l'autre. N'est-ce pas que nous sommes portés à considérer avec plus d'intérêt et de curiosité ceux qui semblent captivés par nous ?

La loi de la réciprocité psychologique

À vrai dire, les jeunes promis décrits plus haut étaient sous l'emprise d'un phénomène inconscient et automatique, c'est-à-dire la **loi de la réciprocité psychologique** qui dit que nous sommes instinctivement portés à retourner aux autres les émotions qu'ils génèrent en nous[4]. N'est-ce pas que l'intérêt crée l'intérêt, que la reconnaissance appelle la reconnaissance, que la générosité invite à la générosité ? Et ainsi de suite, c'est une danse, un véritable cercle vertueux, que la loi de la réciprocité psychologique met en action.

Néanmoins, la loi de la réciprocité psychologique peut aussi être **dangereuse** à ses heures, car malheureusement, nous pouvons être une victime inconsciente du cercle vicieux quand l'indifférence suscite l'indifférence et, pire encore, où le mépris entraîne le mépris !

Nous nous retrouvons alors inconsciemment sous le contrôle, et **soumis à l'émotion de l'autre** ! Selon l'intensité de son sentiment envers nous, notre interlocuteur peut ainsi prendre le contrôle de notre télécommande émotionnelle et nous « zapper » à volonté. Sans que nous ayons l'occasion d'y réfléchir consciemment, notre **réaction instinctive**, c'est de lui retourner ce qu'il a, en quelque sorte, commandé en nous. Enfin, souvenons-nous de la distinction que nous avons faite quant aux individus les plus expressifs, les plus visiblement empreints de beaucoup d'émotions ? Ils « donnent le ton » et peuvent **gouverner l'état émotionnel de l'autre**. Alors surveillons-nous, si nous sommes du genre à aimer préserver notre libre arbitre.

La liberté intérieure ou la télécommande ?

Dès le départ, pour éviter les réactions instinctuelles de l'ère de Cro-Magnon, il faut choisir **à quel niveau nous voulons jouer notre vie.** Par exemple, moi qui tiens mordicus à ma liberté intérieure, je

---

4. Pour approfondir cette notion, je vous propose le livre de Robert Greenleaf, *The Servant as Leader*, où il explique le phénomène de la loi de la réciprocité psychologique.

refuse d'être contrôlée par une personne extérieure qui, par des sentiments négatifs à mon endroit, ferait surgir le mauvais loup en moi. Je tiens à être pleinement aux commandes de mes propres réactions et de « **me soumettre serait une défaite** ». Je veux pouvoir reprendre mon « leadership » en ce qui a trait à la réciprocité psychologique en propulsant vers l'autre, l'émotion que « ***je* choisis** » de ressentir envers lui. Donc, c'est en faisant preuve d'intelligence émotionnelle, soit en maîtrisant mes émotions, que je peux augmenter mon niveau de conscience en interaction et prendre le leadership, imposer le rythme émotionnel et donner le ton à la relation, au lieu de la subir inconsciemment.

« Ceci est un test livré pour moi... »

Pour vous illustrer le principe en pleine action, voici un exemple personnel d'enseignement universitaire. Au début d'une nouvelle session, j'ai accueilli dans mon groupe un étudiant qui, visiblement, manifestait une forte réaction à mon endroit. La chorégraphie émotionnelle de son corps en entier incarnait le mépris. Il s'assoyait en angle par rapport à moi, les bras croisés et le haut du tronc reculé vers sa chaise. On pouvait voir son rictus, sa lèvre supérieure retroussée sans compter que j'ai eu droit à plusieurs reprises au roulement de ses yeux. À un certain moment, alors que j'expliquais une nouvelle notion, je l'ai même entendu pousser un « Pfft... ! », comme si je venais de dire la pire stupidité du siècle. Quel mépris !

J'étais déstabilisée par l'intensité de son dédain, d'autant plus que mon cours est d'habitude plutôt populaire auprès des étudiants qui se passent le mot et qui s'y inscrivent avec curiosité, car mon style d'enseignement est très expérientiel puisque je m'adresse au cerveau émotionnel de mes étudiants. Toujours est-il que celui-là était chargé à bloc de mépris. Et avant même que je m'en aperçoive, j'étais sous l'emprise de la loi de la réciprocité psychologique. Inconsciemment, je m'étais mise à l'éviter du regard et à ressentir une profonde aversion à son endroit. Il affectait ma performance et je me suis sentie sur la défensive. Par le fait même, j'étais moins aimante, moins inspirée, moins dans l'état de générosité auquel je m'oblige à accéder avant mes cours. Je n'avais plus accès au meilleur de moi et je me suis même surprise à me demander comment j'allais m'y prendre pour le faire sortir de mon groupe et également à imaginer différentes stratégies très concrètes...

Jusqu'à ce que, soudainement, je prenne conscience du test qu'il représentait pour moi! La Vie m'envoyait un petit examen d'intelligence émotionnelle appliquée. Allais-je passer ou échouer le test? Sous cet angle du défi, la situation devenait, à mes yeux, beaucoup plus stimulante. L'enjeu était de savoir si j'étais digne de parler d'intelligence émotionnelle en entreprise et à l'université. Serais-je un cordonnier bien chaussé? Ou sinon, ne serais-je qu'une « théoricienne imposteur », apte à faire d'habiles lectures des phénomènes sociaux, mais incapable d'agir sur ces lois relationnelles que je défendais haut et fort?

Un duel d'intensité

« La meilleure façon de détruire un ennemi est de faire de lui un ami. »

Abraham Lincoln

Comme je déteste l'impuissance avec une férocité encore plus grande que le mépris, j'ai fait le pari suivant: ce sera un duel entre nos deux intensités! Son mépris à lui, contre mon affection à moi. Résistera-t-il à la sincérité de mon investissement émotionnel, à mon affection envers lui, à mes regards admiratifs? C'était bien ce que nous allions découvrir...

Mon plan de match contre le mépris

Voici mon plan: j'arrivais 30 minutes à l'avance pour me mettre en état de gratitude envers la vie. Dans ma voiture ou isolée ailleurs, je sélectionnais mon répertoire iPod de « gratitude » et j'écoutais les chansons qui élevaient mon âme et faisaient chanter mon cœur. Je sortais mon petit cahier de moments magiques et je prenais le temps de me réassocier à chacune de ces expériences en engageant tout mon système nerveux grâce à mes cinq sens. Ensuite, je prenais soin de revivre intérieurement le film de chacune des expériences magiques soigneusement documentées dans ce petit répertoire qui sert à les immortaliser. Enfin, toujours en écoutant de la musique sublime, je me reliais à l'amour de ma grand-mère, de mes filles, de mes parents, de mon amoureux, de mes amis, de mes étudiants, de certains de mes clients et je savourais le bonheur et la force que me procure cet amour.

Rendue là, je rayonne de gratitude et je suis persuadée qu'on peut presque palper l'intensité de ma tendresse envers les gens. Impossible d'être frustrée ni méprisante. Impossible d'être sur la défensive. Dans cet état, je n'ai qu'une seule intention, prendre soin des gens. Avoir une influence positive sur leurs vies, les inviter dans le monde des possibilités avec toute la générosité et la sincérité dont je suis capable quand **j'ai accès au meilleur de moi**.

Ce faisant, j'activais l'état intérieur propice pour désamorcer l'aversion que cet étudiant méprisant commandait en moi. Et pour augmenter mon immunisation contre son comportement, je me suis mise à m'inventer, consciemment, des **histoires de compassion** à son endroit. J'imaginais que s'il était si désagréable, c'est qu'il devait souffrir, qu'il était peut-être seul dans la vie et qu'il n'avait probablement pas la chance d'être entouré de beaucoup de joie de vivre chez lui. Je m'imaginais encore que son mépris était l'indice que son cœur était terriblement blessé et pour activer davantage ma compassion, je l'imaginais alors qu'il était encore un tout petit garçon, seul et sans amour.

En fait, je cherchais à découvrir la vulnérabilité qui se cache toujours derrière la carapace du mépris et vous pouvez me croire, ce que je cherche, je le trouve ! L'intensité de mon affection devient inégalable et à ce niveau d'investissement, je n'ai accès qu'au meilleur de moi. Mon bon loup a pris toute la place, l'ego est littéralement délogé et je n'interviens qu'avec mon âme.

Vous demandez-vous lequel de nous deux a gagné le duel ? L'amour ou le mépris ? Je vous dirai seulement que quelques années plus tard, j'ai reçu un courriel de lui. Il était devenu *coach* et médiateur en entreprise, exactement la profession que j'exerçais à l'époque quand je lui ai enseigné... Il me demandait conseil pour une situation litigieuse et en profitait pour me remercier de l'influence que j'avais eue sur sa vie professionnelle, car j'avais été une grande source d'inspiration pour lui, m'écrivait-il. Ce fut là non seulement une belle marque d'appréciation pour moi, mais aussi la preuve que ces stratégies d'intelligence émotionnelle sont puissantes et peuvent faire toute une différence dans la vie. Et dire qu'au début, mon premier réflexe... ma réaction de femme de Cro-Magnon, avait été de l'éjecter à l'extérieur de mon cours. Je frissonne juste à y penser.

Qui sont les personnalités difficiles dans votre vie avec qui vous pourriez développer davantage votre intelligence émotionnelle ? Faites une liste des cinq relations qui constituent un défi pour vous et notez quelles émotions précises s'activent en fonction de la loi de la réciprocité entre vous. Ensuite, pratiquez-vous à engager un duel d'intensité avec l'autre : quel seraient vos trucs pour vous préparer à lui envoyer tendresse et appréciation pendant suffisamment longtemps pour constater si l'autre réussit à résister à votre charme...

CHAPITRE 20

Savoir prendre les commandes

Dans nos vies, s'il existe un secteur où notre intelligence émotionnelle est durement mise à l'épreuve, c'est bien au cœur de nos conflits relationnels puisqu'ils créent des tempêtes émotionnelles en s'emparant de notre cerveau limbique et en nous empêchant de raisonner. Toutefois, le virtuose de l'intelligence émotionnelle prend plaisir à saisir chaque occasion pour en faire son test, pour se pratiquer à renforcer son quotient émotionnel. Par exemple, il peut se mesurer à lui-même en choisissant de contrecarrer une hostilité qui dure depuis longtemps, en optant pour **changer l'émotion qui circule de façon unilatérale**, puisqu'il sait comment envoyer à son protagoniste une attention pleine d'affection et d'appréciation même s'il n'en a pas l'impulsion.

Donc, le vrai leader de sa vie est capable de **s'extraire de la loi** du bas niveau de conscience. Il est suffisamment **libre** et **puissant** pour choisir son énergie émotionnelle et **injecter dans la relation l'émotion de son choix,** car il maîtrise l'énergie et le pouvoir des émotions. D'ailleurs, il sait pertinemment qu'il y a toujours quelque chose à apprécier et à admirer chez quelqu'un de bonne foi. Un proverbe arabe dit à ce titre: « Qui veut faire une chose trouve un moyen. Qui ne veut rien faire trouve une excuse. » Les stratégies d'intelligence émotionnelle constituent nos moyens. Enfin, le vrai leader est en mesure **d'élever son propre niveau de conscience** lorsque la vie lui présente des difficultés, qui par nature, l'aspirent vers le bas.

Influencer le niveau de conscience

« Les problèmes importants que nous affrontons aujourd'hui ne peuvent être résolus au niveau de conscience qui les a créés. »

– Albert Einstein

À l'évidence, nous sommes plus libres, plus puissants et plus heureux si nous parvenons à élever le niveau de notre propre conscience. Mais qu'arrive-t-il lorsqu'un leader décide d'agir sur le niveau de conscience de son groupe ? Il met en application les principes qui ont été exposés précédemment en s'organisant pour que les gens le suivent dans son sillon émotionnel. L'histoire nous a montré que certains individus sont tellement charismatiques et habiles à conduire les émotions des autres, qu'ils parviennent à envoûter, à magnétiser leur cerveau limbique comme s'ils en prenaient possession.

Ces notions communicationnelles, émotionnelles et psychologiques n'ont pas de morale en elles-mêmes, ce ne sont que des lois générales. À ce titre, elles peuvent soit **servir le plus grand Bien** ou être **des forces du Mal**. Saviez-vous que la seule différence entre la **manipulation** et l'**influence** tient à l'**intention** de celui qui actionne les outils et qui active les principes qui eux, dans les deux cas, ne sont que des supports à la manifestation de l'intention. Quant à l'intention elle-même, il est clair qu'elle tire sa source du niveau de conscience qui l'habite.

Nous disions que les grands leaders sont capables d'accaparer, de canaliser, d'orienter et de conduire les émotions des autres. Que dites-vous du niveau de maîtrise des stratégies d'intelligence émotionnelle des Hitler, Milosevic et Pol Pots de ce monde ? N'ont-ils pas été habiles à manipuler les émotions de leur peuple ? L**eur spécialité a été d'attiser** deux émotions bien précises : **la haine** et **la peur** de leur peuple. C'est peu dire d'affirmer qu'ils savaient maîtriser l'énergie et le pouvoir des émotions ! Ils ont su mener d'honnêtes personnes dans un délire meurtrier qui défie toute compréhension. De toute évidence, **abaisser le niveau de conscience** et **nourrir le mauvais loup**, c'était leur expertise.

Et si l'on songe aux grands agents de changement de l'histoire contre l'injustice du racisme, par exemple, à Gandhi contre le colonialisme britannique, à Martin Luther King et son mouvement des droits civils, à Nelson Mandela et l'apartheid, n'est-ce pas que ces grands leaders sont des virtuoses de l'intelligence émotionnelle utilisée à des fins constructives, dans ces cas-ci ? En effet, ces icônes de l'humanisme ont su **canaliser la colère** d'un peuple plutôt que de la laisser dégénérer en actes impulsifs et destructeurs.

Les traitements injustes, abusifs et humiliants de certains Blancs envers les Noirs en Afrique du Sud et aux États-Unis, des Britanniques envers les Indiens à leurs époques respectives, enfin, tous ces abus auraient justifié que la haine et l'esprit de vengeance aient été les réactions instinctives de premier niveau des opprimés, n'est-ce pas ? Sauf qu'à force d'amour, de compassion et d'une extraordinaire capacité d'influence, ces leaders charismatiques ont réussi un tour de force émotionnel. Ils ont réussi à **élever le niveau de conscience** de nations souffrantes en canalisant leurs émotions pour les conduire à une meilleure cohabitation avec leurs oppresseurs. Vous serez d'accord avec moi pour dire que leur génie à eux, c'était de nourrir et de **renforcer le bon loup** chez les gens.

Par contre, pouvez-vous imaginer à quel point Gandhi, Martin Luther King et Mandela ont appris à désamorcer et dominer leur propre colère et à se reconnecter aux émotions puissantes et créatrices ? J'ai une profonde admiration devant la grandeur d'âme et l'intelligence émotionnelle d'un Nelson Mandela qui, après s'être fait voler 27 ans de sa vie, puisqu'il a été injustement incarcéré par le gouvernement en place alors, a trouvé la force et la sérénité en lui pour collaborer avec les responsables de son emprisonnement afin de transformer la culture de l'Afrique du Sud et de l'engager vers un processus de paix.

Par ailleurs, afin de soutenir leur vision, un rêve plutôt utopique pour l'époque, ne croyez-vous pas que ces leaders avaient leurs propres astuces pour conserver leur inspiration toujours vivante ? Il s'agit de lire leurs biographies pour constater que chacun d'eux disposait de rituels pour se rattacher à la vie et se reconnecter à l'amour. Afin de citer un exemple bien connu, lorsqu'il était dévoré par la colère, Gandhi se retirait dans la solitude pour jeûner et méditer tout le temps nécessaire afin d'élever le niveau de sa conscience, de calmer sa colère, de se reconnecter à sa mission ainsi qu'à son âme. C'est seulement après avoir recréé cet état en lui qu'il revenait négocier avec les Britanniques.

Je vous suggère de lire les biographies de ces individus qui se sont transformés en êtres exceptionnels, car elles regorgent de pistes d'inspiration et de moyens à utiliser pour devenir des meneurs au service de la collectivité.

Changer le monde

« Ne doutez jamais qu'un petit nombre de gens conscients et engagés puisse changer le monde. C'est d'ailleurs uniquement de cette façon, que cela s'est toujours produit. »

– Margaret Mead

Plus près de nous, il n'y a pas que les leaders historiques, il y a tous ces **messieurs et mesdames Tout-le-monde** qui, par leur simple présence, contribuent à **propager une culture de possibilités**, où la joie de vivre se met à rayonner sous leur influence, où l'esprit de camaraderie qu'ils nourrissent appelle le meilleur en chacun. En période de changement, voire de crise, certaines personnes (des adjointes, des collègues, des patronnes, des mères, des sœurs) se lèvent et par leur exemple face à l'adversité, indiquent la voie pour nous conduire à bon port. Ceux qui demeurent noyés par leurs émotions ou pris au piège de leur insécurité bloquent et résistent au changement.

Je crois que c'est ce que voulait dire Gandhi en affirmant : « **Devenez le changement que vous voulez voir dans le monde.** » Il proposait de devenir le modèle, d'incarner ce que nous voulions diffuser autour de nous, car n'est-il pas vrai que les êtres humains apprennent naturellement **en observant, en écoutant et en expérimentant**. Prenons un exemple très concret, la puissance de l'immersion pour apprendre une langue. Nous avons beau nous efforcer d'étudier l'espagnol à l'école ou dans les livres, mais l'acquisition d'une langue seconde ne se fera jamais aussi rapidement que si nous allions vivre dans un pays uniquement hispanophone, n'est-ce pas ? C'est la puissance de **l'apprentissage par osmose**. Nous nous imprégnons d'une langue de la même manière qu'on apprend une nouvelle façon de réagir émotionnellement à la vie : par l'observation, l'écoute et l'expérimentation. Alors, vous, quel genre de changement désirez-vous incarner dans votre monde ?

En ce qui me concerne, j'ai fait mon choix. Je veux incarner l'enthousiasme, la joie de vivre, ainsi que toutes les possibilités qu'elles font naître. Pour ce faire, je me charge intensément d'enthousiasme et je fais en sorte de le rayonner des mètres à la ronde. De plus, j'ai la chance d'être encouragée dans mon intention, car je reçois très souvent des confirmations par mes étudiants et mes participants qui me disent à quel point mon enthousiasme est contagieux. Souvent, on me questionne pour savoir où je prends toute mon énergie pour ainsi la diffuser à mes groupes. Je me dis alors que les stratégies d'intelligence émotionnelle, ça fonctionne !

Choisir d'être une « force au service du bien »

> *« N'allez pas où le chemin vous mène. Allez plutôt là où il n'y a pas de chemin et laissez une piste. »*
>
> – Ralph Waldo Emerson

L'être humain a le privilège d'être doté d'une conscience et, s'il en porte l'intention et s'il est outillé adéquatement, il peut choisir de **se lever** et **de devenir une force du bien** dans la vie. Il peut élever son âme à des niveaux de gratitude où il a l'impression de ne faire qu'un avec la vie et les gens. Il est ainsi armé pour maîtriser le mauvais loup qui tente d'éteindre la flamme des possibilités.

Donc, si nous arrivons à activer cette partie de nous, ce niveau de conscience qui, généralement, ne se manifeste pas à volonté dans la vie quotidienne pour la plupart des gens, nous pouvons contribuer davantage à la vie et **conduire des actions uniques** et spéciales dans notre environnement.

Je vous propose de vous engager par rapport à vous-même. Avez-vous envie d'être un leader dans votre communauté, d'être une force au service du bien ? Quel type de changement désirez-vous incarner dans le monde ? Voulez-vous être la générosité, la passion, la joie de vivre, le courage ? Ou encore être la détermination, la sérénité, l'harmonie, l'amour ? Par la suite, je vous suggère d'utiliser toutes les circonstances qui s'offrent à vous dans la vie pour personnifier votre bon loup, inspirer les autres et contribuer de tout votre cœur à la vie. Renforcez cette possibilité neurologique en vous au point d'en faire une habitude, un trait de caractère.

CHAPITRE 21

EMPOWER : Les principes actifs

Jusqu'à maintenant je vous ai présenté plusieurs trucs et astuces pour accéder à votre ***EM***POWER, votre *emotional power* et j'espère que vous avez découvert de nouvelles stratégies pour pouvoir vous brancher à volonté à l'énergie émotionnelle de votre choix ? J'ai maintenant envie de vous faire part de ma conception de l'intelligence émotionnelle en isolant les **principes actifs** qui me sont personnellement utiles et qui contribuent profondément à m'inspirer.

Installez les nouvelles habitudes dans votre corps

« La chance aide parfois, le travail toujours. »
– Proverbe brahman

Peut-être avez-vous déjà vu le film *Karaté Kid*? C'est l'histoire de la relation de *coaching* entre un vieux maître de karaté japonais et son apprenti. Quand M. Miyagi accepte d'enseigner l'art du karaté au jeune Daniel, il semble plus lui donner des corvées à faire que de lui enseigner réellement l'art du combat. Par exemple, pour son entraînement, Miyagi exige que Daniel peinture les immenses clôtures de haut en bas, au travers de gestes répétitifs, des mouvements circulaires et réguliers pendant des heures et des heures. Totalement épuisé, frustré et en colère d'être ainsi exploité par son vieux maître japonais, le jeune Daniel lui dit, indigné, qu'il n'a absolument rien appris du karaté, à part le fait d'être devenu son esclave accomplissant tous ses travaux.

C'est alors que Daniel découvre les vertus de ces corvées apparemment insignifiantes, car Miyagi s'élance soudainement pour le frapper au visage, et, instinctivement, sans même y penser, Daniel réagit pour le bloquer avec le même mouvement circulaire qu'il a accompli des milliers de fois sur les clôtures, les terrasses ou les voitures.

Cet exemple démontre bien qu'à force de **pratique** et de **répétition en apparence inutiles**, le vieux maître avait installé dans la physiologie de son apprenti des circuits neuro-sémantiques pour certains mouvements de défense au combat. Le karaté s'installait dans son corps au fur et à mesure de l'entraînement. Son circuit neurologique s'était renforcé. Le geste était maintenant ancré en lui tel un réflexe, comme on apprend à conduire, à parler une langue seconde, à jouer d'un instrument de musique. Nous pouvons nous aussi développer des habitudes neuronales pour incarner et installer dans notre corps le charisme, la détermination, la certitude, le courage, la générosité, etc.

Bâtissez plus de capacité

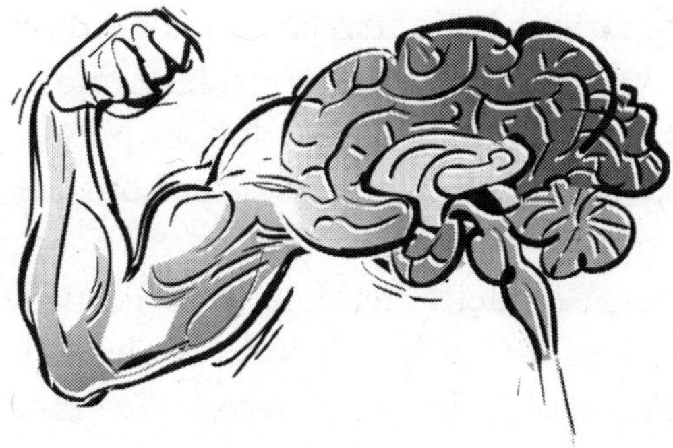

Pour aider leurs divers clients à atteindre un niveau de performance supérieur en tant que sportif, gens d'affaires, artistes, etc., les coachs et auteurs du livre *The Power of Full Engagement*, se servent de **tension** et de **stress** afin de les aider à bâtir en eux davantage de capacité. Leur concept consiste à alterner des périodes de demandes extraordinaires, à des périodes de repos et de récupération. Pour acquérir plus de force, nous devons nous imposer des défis plus grands que ceux que nous savons déjà gérer. Le but étant de pousser notre machine mentale, émotionnelle, physique et spirituelle plus loin que sa capacité normale. Dans ces circonstances, la **tension** provoquée par **l'effort excédentaire** conduit à un accroissement de notre potentiel.

En comparaison, nous pourrions utiliser le phénomène du culturisme pour illustrer ce principe, car si un individu désire augmenter sa masse musculaire, il doit sans cesse forcer au-delà de ses capacités. Donc, si le culturiste expose son muscle au poids avec lequel il est à l'aise, c'est-à-dire une charge qui n'exige pas trop d'effort à soulever, ses muscles ne se développeront pas. Toutefois, s'il soumet son corps à une demande encore plus importante que les précédentes et qu'il s'attaque à des poids qu'il n'a jamais levés, son métabolisme va s'ajuster et de nouvelles fibres musculaires vont se développer dans le but de répondre à d'éventuelles requêtes. Le phénomène déclenché s'appelle « supercompensation », c'est-à-dire que le corps répond à la demande en construisant davantage de fibres musculaires en anticipation de la prochaine demande.

Dans la vie de tous les jours, cette analogie du culturisme nous offre une nouvelle manière de considérer nos difficultés, car l'adversité nous permet de nous développer plus rapidement dans le jeu de la vie. Vu sous cet angle, les tensions, les difficultés, les crises, les souffrances dont nous sommes victimes ont le potentiel d'augmenter notre capacité mentale, émotionnelle et spirituelle. C'est pourquoi nous disons que la vraie vie de ceux qui souhaitent progresser, se déroule en dehors de notre zone de confort et, dans ce sens, j'ai déjà lu dans un texte hindou que: «Le confort est le cimetière de la conscience.» Donc, quand nous sommes déstabilisés, quand nous avons mal et avons envie d'abandonner la partie, il ne faut surtout pas lâcher. Il faut s'engager à continuer, car c'est précisément à cette étape que nos muscles se mettent à grossir!

Tirez parti des tempêtes émotionnelles

«Ce qui ne nous tue pas nous rend plus fort.»

– Nietzsche

D'ailleurs, la vie nous présente en quantité des occasions de se développer. Elle peut même être extrêmement difficile en nous fournissant, parfois cruellement, des poids que nous n'aurions jamais imaginé pouvoir soulever. Alors, confronté à des crises qui peuvent sembler dépasser nos capacités, c'est là qu'il faut tout donner de soi-même pour se surpasser. Par exemple, une crise financière survient et nous passons d'une position d'aisance matérielle à la faillite et nous perdons tous nos biens. Un divorce inattendu nous explose au visage et nous nous retrouvons seuls, abandonnés. Au cœur de l'épreuve, nous devons consentir à partager la présence de nos enfants. Pour ajouter à la difficulté, le nouveau conjoint de notre ex n'aime pas nos enfants et les maltraite subtilement en cachette. Nous avons un accident et nous nous retrouvons paralysé ou le médecin nous diagnostique un cancer incurable. Un patron nous déteste et veut notre peau. Il fait tout pour nous humilier en réunion et finit par nous mettre à la porte injustement. Notre plus gros client nous traite avec le plus cruel des mépris. Enfin, les exemples de difficultés émotionnelles à traverser peuvent être innombrables.

Néanmoins, et selon notre manière de les gérer, ces **tempêtes émotionnelles** dans nos vies, peuvent **nous écraser** ou nous servir d'opportunités de développement pour **faire de nous une meilleure personne**. Martin Luther King affirmait: « La véritable grandeur d'un homme ne se mesure pas à des moments où il est à son aise, mais lorsqu'il traverse une période de controverses et de défis. » De fait, l'adversité nous permet de faire connaissance avec nous-même, probablement parce que nous découvrons notre vrai potentiel puisqu'au fur et à mesure que nous progressons à l'extérieur de notre zone de confort, en étant déstabilisé et sous tension, nous découvrons ce que nous avons dans le ventre. Comme le disait Platon: « La nécessité est la mère de l'invention. » En dernier lieu, la question à se poser est la suivante: « *Avec quel niveau de conscience aurais-je envie d'affronter la prochaine tourmente? Lequel de mes deux loups sera le plus fort et se présentera le premier pour faire face aux tempêtes de la vie?* »

Entraînez-vous quand ça va bien

Alors que de bien gérer les difficultés nous permet de développer de nouvelles fibres neurologiques, il est beaucoup plus facile d'entraîner notre cerveau pour développer des états ressources quand notre vie va bien. Bâtir l'optimisme en période calme, c'est le meilleur moyen de prévenir la dépression ! Accroître notre réseau de relations vraies et notre capacité à connecter avec les gens, c'est la meilleure formule pour prévenir le sentiment d'isolement et de solitude qui nous affaiblit en temps de crise. Développer l'habitude de noter les moments magiques de notre vie, c'est la meilleure façon d'élever notre niveau subjectif de bonheur et de s'immuniser contre les émotions négatives.

À dire vrai, pour gagner au jeu de la vie, il faut faire comme Daniel dans *Karaté Kid* ! Il faut pratiquer, répéter, faire des exercices tous les jours. Pourvoir notre caractère des munitions morales avant d'entamer les batailles, prévenir et se solidifier **avant** d'en avoir besoin ! Nul doute que c'est un entraînement basé sur l'engagement à fournir les efforts excédentaires, puisque vous en conviendrez comme moi, la pensée magique, les remèdes instantanés, les raccourcis promettant l'accès immédiat au bonheur durable, c'est de la frime.

Renouvelez votre engagement chaque jour

De toute évidence, le fait de travailler pour développer en soi une psychologie extraordinaire et être « émotionnellement en forme » correspond en quelque sorte à un processus de transformation, à une forme **d'alchimie personnelle** qui exige persévérance et détermination. Il faut faire preuve d'un solide engagement si on veut arriver à changer les options « par défaut » de notre cerveau et s'empêcher de réagir à la façon de notre mauvais loup, car, de fait, **changer nos impulsions émotionnelles nuisibles** exige une détermination d'acier. On a déjà demandé à la populaire Oprah Winfrey comment elle faisait pour courir quelques kilomètres par jour. Elle a simplement répondu : « Je m'y engage à chaque jour. » Pour être heureux, puissant et émotionnellement libre, c'est la même chose, chaque jour, il faut **renouveler notre engagement**.

Choisissez de « Vivre grand »

« Il est impossible de surmonter une épreuve si on n'a pas décidé de l'affronter. »

– Jacques Attali

À titre d'exemple, après avoir été incarcéré injustement pendant 27 ans, on a demandé à Nelson Mandela à sa sortie de prison, comment il avait fait pour survivre à un tel châtiment. Ce dernier s'est empressé de répondre avec conviction : « **Il n'était pas question de survie ! J'étais en train de me préparer !** » En effet, selon ses dires, durant ses années de captivité, Mandela a appris la langue de ses opposants, il a étudié tout ce qu'il lui serait utile de savoir sur les politiques en place du gouvernement. Dans certaines biographies, on dit qu'il joggait sur place dans sa cellule pour garder la forme, qu'il méditait et lisait des textes spirituels. On dit aussi qu'il s'est inspiré de la théorie de l'évolution des niveaux de conscience de Clare Graves (le chercheur qui a bâti une théorie de la progression des niveaux d'existence et des systèmes de valeurs). Bref, Mandela était en train de s'entraîner psychologiquement, émotionnellement et spirituellement à prendre les commandes de l'Afrique du Sud pour rétablir la paix entre les Noirs et les Blancs.

En entrevue, le 11 février 1990, journée même de sa libération, il expliqua à des journalistes que par-dessus tout, il s'était personnellement engagé à la promotion de la paix. Comme cet **engagement était absolu**, il lui a procuré la force et la discipline pour s'entraîner à être un meilleur chef, et ce, au sein même de sa petite cellule. En 1994, alors qu'il fut finalement intronisé à la présidence de l'Afrique du Sud, Mandela s'est adressé à la nation. D'entrée de jeu, le modèle de sa vie parlait pour lui dans le sens où l'entièreté de sa personne ainsi que sa façon de réagir à son emprisonnement, incarnaient de toutes parts, le changement qu'il voulait voir se produire dans le monde. Ce jour-là, il a prononcé un discours à l'intérieur duquel, il incitait les gens **à vivre « grand »** :

> *« Notre peur la plus profonde n'est pas que nous ne soyons pas à la hauteur.*
>
> *Notre peur la plus profonde est que nous sommes puissants au-delà de toute limite.*
>
> *C'est notre propre lumière et non pas notre obscurité qui nous effraie le plus.*
>
> *Nous nous posons la question :*
>
> *"Qui suis-je, moi, pour être brillant, radieux, talentueux et merveilleux" ?*

En fait, qui êtes-vous pour ne pas l'être?

Vous êtes un enfant de Dieu.

Vous restreindre, vivre petit, ne rend pas service au monde.

L'illumination n'est pas de vous rétrécir pour éviter d'insécuriser les autres.

«Nous sommes nés pour rendre manifeste la gloire de Dieu qui est en nous. Elle ne se trouve pas seulement chez quelques élus: elle est en chacun de nous et au fur et ***à mesure que nous laissons briller notre propre lumière, nous donnons inconsciemment aux autres la permission de faire de même.***

«En nous libérant de notre propre peur, notre présence libère automatiquement les autres.»[1]

En somme, Mandela serait probablement d'accord avec la citation du médecin et théologien Albert Schweitzer lorsqu'il mentionne: « La seule possibilité de donner un sens à son existence, c'est d'élever sa relation naturelle avec le monde à la hauteur d'une relation spirituelle.» Cette réflexion nous amène à devoir considérer les différents niveaux d'existence puisque nous n'avons pas les mêmes types de vie, donc non plus la même puissance ni les mêmes possibilités.

Décidez d'un type de vie

Allant dans le sens du «vivre grand» de Mandela, Martin Seligman et Mihaly Csikszentmihalyi, ont distingué, à travers leur observation de milliers d'individus heureux, qu'il existait trois sortes de vies: la vie plaisante, la bonne vie et la vie pleine de sens.

La vie plaisante

Au premier niveau, nous avons **la vie plaisante** (aussi appelée, **la vie agréable**), celle qui consiste à multiplier le nombre de nos

1. (C'est moi qui souligne en caractères gras).

plaisirs et à développer notre habileté à en acquérir davantage. D'entrée de jeu, je trouve pertinent d'ajouter ici une distinction entre différents types de plaisirs par contre. D'une part, on observe les plaisirs de l'ego, ceux dont se nourrit le mauvais loup et d'autre part, les plaisirs de l'âme, la nourriture du bon loup.

Précisons que les **plaisirs de l'ego** sont vécus de façon horizontale sur l'axe de la quantité. Non seulement quand nous sommes sous l'emprise de l'ego, nous nous comparons, mais nous voulons toujours plus de l'objet de notre désir : plus d'argent, plus de vin, plus de sexe, plus de prestige, plus d'attention, plus de pouvoir, etc. C'est l'avidité des hommes qui cause problème avec ce genre de plaisirs, car la voracité qu'ils génèrent conduit les gens vivant à ce niveau de conscience dans une folie de consommation et de recherche de sensations à tout prix.

De façon imagée, la chevauchée des désirs exacerbés peut être comparée à un *tapis roulant hédoniste,* métaphore illustrant bien le fait qu'on a beau courir vers plus de richesse, plus de luxe, plus de conquêtes sexuelles, plus de party, mais qu'au bout du compte, nous ne sommes pas plus avancés, car ce type de plaisirs nous laisse vides et ne nous remplit pas intérieurement. En fait, nous sommes plutôt essoufflés, car nous avons eu l'impression de courir et de forcer, quand nous avons fait tout au plus du surplace…

Les plaisirs de l'ego, c'est comme de la drogue, plus on en consomme, plus on s'habitue à la dose. En conséquence, la quantité doit sans cesse augmenter, car la substance produit de moins en moins d'effet. Ainsi, le plaisir s'épuise au fur et à mesure qu'on en jouit, un peu comme la première bouchée de crème glacée qui est succulente, mais qui a déjà perdu de son intensité en saveur avant même d'avoir terminé le cornet.

Malheureusement, combien de personnes construisent leur vie autour de la poursuite des plaisirs et l'accumulation de la richesse, alors que des tonnes de données empiriques nous confirment qu'une fois que nous sommes assurés d'en avoir un minimum, le « confort matériel a très peu d'incidence sur le bonheur ou la satisfaction personnelle », assure Csikszentmihalyi dans une interview donnée à *L'Actualité* de Montréal. « S'il est en sécurité et mange à sa faim, un habitant du tiers-monde a *grosso modo* le même niveau de contentement qu'un Japonais ou un Canadien. Et les gagnants de la loterie, après un sursaut de satisfaction qui dure un an ou deux, ne sont pas plus heureux qu'ils ne l'étaient avant. »

À l'opposé, les **plaisirs de l'âme**, eux, sont vécus de façon verticale, sur l'axe de la qualité. Par exemple, le gourmet tire une profonde jouissance d'un seul verre de vin, car il sait se délecter, savourer et apprécier toutes les particularités du nectar. Comme ce type de plaisir est expérimenté dans l'intensité, l'accent n'est pas mis sur l'objet en tant que tel, mais plutôt sur l'état d'esprit d'émerveillement, d'appréciation à partir duquel l'objet de plaisir est savouré. La gratitude, c'est l'émotion dominante de l'âme, elle sait prendre plaisir à tout. De ce fait, les plaisirs de l'âme sont multiples, simples, abordables et à notre portée, car même s'ils ne coûtent pas chers, ils savent nous combler et augmenter notre sentiment de satisfaction. Vécues à ce niveau de conscience, ces activités nourrissent davantage le cœur, comme le simple fait de jouer avec un enfant, prendre un repas avec de bons amis, faire l'amour, se relaxer dans un bain chaud, etc.

Dans le même ordre d'idées, j'ai reçu l'autre jour un courriel où il était écrit :

> « *L'argent peut acheter le plaisir mais pas l'amour. On peut acheter un spectacle mais pas la joie. On peut acheter un esclave mais pas un ami. On peut acheter une femme mais pas une épouse. On peut acheter une maison mais pas un foyer. On peut acheter des aliments mais pas l'appétit. On peut acheter des médicaments mais pas la santé. On peut acheter des diplômes mais pas la culture. On peut acheter des gardes du corps mais pas la sécurité. On peut acheter des livres mais pas l'intelligence. On peut acheter des tranquillisants mais pas la paix. On peut acheter des indulgences mais pas le pardon. On peut acheter la terre mais pas le ciel.* »

Somme toute, je trouvais que les distinctions faites dans ce texte illustraient bien les plaisirs de l'ego par rapport aux plaisirs de l'âme, étant donné que les comparaisons mettent en lumière les deux types d'expériences, ressenties à des niveaux différents, soit sur l'axe horizontal ou sur l'axe vertical.

La bonne vie

Au second niveau, Seligman cite **la bonne vie** (aussi nommée, **la vie d'engagement**), celle que l'on vit en étant occupé à un défi qui sollicite au maximum nos forces et nos talents. Nettement supérieure à la vie plaisante, la bonne vie consiste à *transformer nos rapports* à notre travail, à nos relations, à nos loisirs *de façon à atteindre **l'état de flow***. C'est un état, une manière d'être qu'on expérimente en s'absorbant, en s'engageant totalement dans une activité parce qu'on sait se mettre au défi et qu'on vise à augmenter le challenge d'une tâche qu'on maîtrise et qui requiert qu'on utilise nos forces. Bref, en étant en mesure de s'investir corps et âme dans ce qui se passe.

Selon Csikszentmihalyi, les gens qui atteignent le *flow* sont tellement en immersion dans leur activité qu'ils en perdent la notion du temps. Leur concentration intense ne laisse place à aucune distraction, provoquant ainsi une totale absence de préoccupation à propos du soi (l'ego est laissé de côté) ainsi qu'une perception altérée de la durée, ce qui explique qu'en état de *flow*, le temps semble filer à toute vitesse. Les individus se sentent alors comme sur un nuage et ils ont l'impression qu'ils s'enrichissent intérieurement en perfectionnant leur jeu et en s'imposant des défis de plus en plus grands.

Vous ne serez pas surpris d'apprendre qu'en pleine performance, plusieurs musiciens ont rapporté avoir déjà vécu des moments de *flow*? À ce titre, les exemples d'individus qui atteignent ce niveau d'investissement sont innombrables: des chirurgiens en pleine opération, des comédiens au théâtre, des alpinistes en gravissant une montagne, des joueurs d'échec en plein tournoi, des sportifs absorbés par leur partie, des jardiniers avec leurs fleurs, des amis plongés au cœur d'une conversation profonde, etc. Durant ces périodes où toute notre énergie psychique est engagée dans l'activité, il ne nous reste plus suffisamment d'attention pour être à l'écoute de notre corps ni d'être préoccupé par nos problèmes à la maison, ni de prendre conscience qu'on est fatigué, qu'on a faim. On perd le contact avec soi-même, notre ego disparaît et les préoccupations qui viennent avec aussi. Finalement, chanceux sont les individus qui parviennent à s'absorber à ce point dans leur vie, car ils en retirent un grand sentiment de satisfaction, mais néanmoins, pas encore autant que ceux de cette ultime catégorie…

La vie pleine de sens

« On gagne sa vie avec ce qu'on rapporte,
mais on la réussit avec ce qu'on donne. »
– Winston Churchill

C'est ainsi qu'au troisième niveau se présente **la vie pleine de sens,** aussi appelée **la vie d'affiliation**. De loin la plus satisfaisante de toutes les vies, celle-là consiste à *mettre nos forces et nos talents au service d'une cause* plus grande que nos seuls intérêts personnels. En fait, on s'engage dans des activités avec la même capacité d'absorption et d'investissement qui induisent des états de *flow*, mais les activités en question servent et contribuent à quelque chose de plus grand et de plus permanent que soi. Ce faisant, on se sent lié à son milieu et on sent qu'on fait une différence dans le monde dans lequel on vit. En conséquence, on échappe totalement à la solitude de notre destin individuel et notre existence vaut la peine d'être vécue puisqu'elle importe pour quelqu'un d'autre.

En outre, messieurs Seligman et Csikszentmihalyi ont observé un fait cocasse: quand nos talents sont exercés pour faire une contribution dans le monde, on **additionne la bonne vie** d'engagement **à la vie pleine de sens** et la prime qui en résulte, c'est alors **une vie plaisante remplie d'un intense plaisir**.

Plus on s'engage, plus il y a d'énergie disponible

Toujours selon nos chercheurs, ce n'est pas tant en cherchant le plaisir qu'on en obtient le plus. C'est plutôt en investissant nos forces pour faire une différence dans le monde que notre vie devient la plus jouissive possible. Dans ce troisième niveau de vie, **plus un individu s'engage** dans des activités visant à accomplir sa mission, plus **il retire d'énergie émotionnelle de son travail.** Ce phénomène crée un cercle vertueux qui devient comme une dépendance. On veut sans cesse en faire plus, augmenter le sentiment de contribution et la portée de notre influence, peut-être parce qu'on est soulevé par le sentiment de faire la bonne chose, d'être une force du bien.

Aurions-nous pu empêcher Martin Luther King, Gandhi, Mandela de faire leur contribution ? Quant au dalaï-lama, il continue toujours. De plus, impossible de parler de contribution ni de vie pleine de sens sans penser à Mère Teresa. À ce titre, lorsqu'on lui a posé la question : « *Mère Teresa, quelle est l'expérience qui vous procure le plus de plaisir, le plus d'exaltation dans la vie ?* » Elle a répondu avec toute l'affection qui la caractérisait: « *C'est de voir une personne mourir avec un sourire sur son visage.* »

Nous pouvons mieux comprendre pourquoi, la dernière année de sa vie, elle est allée prononcer son message dans 76 différents pays alors que son cœur était très malade. Cette femme avait fait la promesse à Dieu qu'aussi longtemps qu'elle vivrait, personne autour de son champ d'influence ne mourrait sans dignité et amour. C'est pourquoi chaque seconde de son existence a été utilisée, puisque sa vie comptait pour tant de personnes ! Malgré la pauvreté dans laquelle elle vivait, Mère Teresa avait une vie pleine de sens, d'engagement et de plaisir de l'âme.

Plus près de nous, à Montréal, au Québec, le père Emmett Johns, surnommé « Pops » par les jeunes de la rue, prenait sa préretraite à 80 ans. Il est le fondateur de l'organisme *Le bon Dieu dans la rue* qui vient en aide aux jeunes sans abri. Dans sa roulotte, on sert de la nourriture, des vêtements, des denrées alimentaires. Aujourd'hui son œuvre s'est multipliée et a pris une ampleur considérable et sa générosité inspire 135 bénévoles à contribuer à sa cause. Enfin, quand on affirme que dans une vie pleine de sens, plus on travaille, plus on récolte d'énergie émotionnelle, j'ai l'impression que cela s'applique à *Pops* aussi, puisqu'à son âge avancé et malgré sa maladie de Parkinson, il s'est tout de même rendu en Russie et en Côte d'Ivoire ; son nouveau rêve étant maintenant d'étendre son œuvre à d'autres villes dans le monde.

Enfin, si j'utilise des exemples connus de l'histoire et des médias, c'est pour miser sur notre culture commune, car je pourrais écrire un livre entier d'histoires d'individus que j'ai observés dans leur milieu de travail et dont l'existence rayonne et fait un monde de différences pour ceux qui les côtoient. Combien d'infirmières sont comme des anges lorsqu'elles entrent dans la chambre de leurs patients ? Combien de professeurs sont comme des muses pour leurs étudiants ? Combien de représentants sont une injection de joie de vivre pour leurs clients ? Combien de travailleurs sociaux sont des bouées de sauvetage pour des enfants maltraités ? Combien de collègues sont des infusions de confiance et d'estime par leurs regards ? Peu importe le métier, il existe des individus qui travaillent avec amour et qui utilisent leur emploi comme une tribune pour prendre soin des gens et de la vie. Il suffit souvent de peu pour faire une différence.

Misez sur le pouvoir de l'altruisme

Financée par les National Institutes of Health des États-Unis, à l'Université de Californie de Riverside, la psychologue Sonja Lyubomirsky a mené des recherches[2] pour étudier les comportements qui conduisent au bonheur. Elle a découvert que le fait d'accomplir **cinq actions de bonté** et d'altruisme par semaine augmentait significativement le niveau de bonheur de ses sujets à l'étude. Il pouvait s'agir de visiter un établissement de soins et prendre le temps de rencontrer les gens, d'aider l'enfant d'un ami avec ses devoirs à l'école, d'écrire une lettre à un grand-parent, de laisser passer une personne pressée dans une file d'attente, d'inviter un voisin solitaire à souper, de prendre le temps de sourire et de parler à une personne qui a l'air triste, etc.

Je connais un couple qui se rend, deux fois par semaine, à l'Hôpital Sainte-Justine de Montréal pour bercer de petits enfants malades. Entre vous et moi, je ne suis pas certaine que ce soit aux enfants seulement que ce geste de générosité fasse le plus grand bien… Ces deux personnes rayonnent de bonheur et, tel un cercle vertueux, plus elles sont heureuses, plus elles ont envie d'être généreuses.

Faites une « visite de gratitude »

> *« La vie se contracte ou s'étire en proportion du courage de chacun. »*
>
> *– Anaïs Nin*

Lyubomirsky et Seligman ont aussi mesuré la portée d'un autre comportement qu'ils appellent « la visite de gratitude ». De fait, selon leurs recherches, le simple fait d'écrire une **lettre de**

2. Article du *Time*, janvier 2005.

remerciement à un mentor ou une personne qui nous a aidé à traverser une période charnière de notre vie, et d'ensuite **rendre visite** à cette personne et **lui lire le contenu de notre lettre**, est l'un des moyens les plus efficaces pour augmenter notre niveau de joie et de bonheur. Les gens de l'étude en question ont été plus heureux et moins déprimés jusqu'à un mois suivant l'événement. Précisons que l'effet positif de la visite de gratitude cessait au bout de trois mois. Voilà tout de même un bon retour sur l'investissement!

N'est-ce pas qu'il est préférable **d'offrir ces témoignages de reconnaissance pendant que les bénéficiaires de ces beaux mots sont vivants**? La célèbre écrivaine américaine, Harriet Beecher Stowe disait: « *Les larmes les plus amères que l'on verse sur les tombes viennent des mots que l'on ne s'est pas dits, des choses que l'on n'a pas faites.* » Enfin, je sais qu'il peut être difficile, voire inconfortable d'arriver chez quelqu'un pour lui lire une lettre pleine d'émotions, surtout si on craint de devenir trop ému et d'être jugé, mais retenons une chose capitale: ce n'est pas notre image qui nous rendra heureux ni notre préoccupation vis-à-vis de ce que nous avons l'air qui touchera le cœur de ceux que nous aimons. Comme il a été dit précédemment, c'est à l'extérieur de notre zone de confort que se déroule la vraie vie, celle qui goûte bon.

Avant d'avoir lu les effets de cette recherche sur la « visite de gratitude », je racontais à une amie que lors d'un long parcours en voiture avec mon amoureux, je lui avais demandé quels avaient été les moments forts de notre couple depuis les 17 dernières années, selon lui. J'avais été surprise de découvrir les événements qui l'avaient marqué et avaient compté pour lui. Cette conversation avait fait revivre plusieurs de ces moments tendres dans mon cœur et je suis retombée follement amoureuse de lui.

C'est alors que cette amie et moi avons pensé que **nos parents** seraient probablement très curieux et émus eux aussi de connaître les moments forts de **notre enfance** que nous avons eus avec eux. L'idée semée, nous avons toutes deux écrit les souvenirs gravés dans notre mémoire. J'ai remis cette missive à mes parents à Noël et j'ai bien l'impression que ce fut leur cadeau préféré cette année-là. J'avoue même souhaiter que, dans 25 ans, mes filles aient l'idée de m'écrire aussi les moments les plus heureux qu'elles ont vécus avec moi…

En ce qui a trait à mon amie, l'effet a été encore plus grand, car elle venait d'une famille dont la culture et les mœurs donnaient peu de place à l'expression des émotions. Chez elle, les baisers sur la joue, les accolades et les mots d'amour, bref les manifestations verbales et physiques d'émotions, c'était plutôt très rare. Évidemment, elle a dû sortir de sa zone de confort encore plus que moi ! Pour elle, c'était non seulement gênant, mais très inconfortable. Par contre, elle s'est remerciée d'avoir eu le courage de le faire ce jour-là, car six mois plus tard, son père décédait dans ses bras, d'un cancer qui a surpris tout le monde.

Dans sa lettre remplie d'affection et de complicité qu'elle adressait à son père, elle lui avait mentionné que même s'il ne l'avait jamais exprimé verbalement, qu'elle avait su décoder sa façon de lui manifester son amour, qu'elle l'avait toujours ressenti à travers ses gestes, qu'il l'aimait de tout son cœur et elle lui disait de ne pas s'en faire. Laissez-moi vous citer la fin de sa lettre :

> « *J'aimerais aussi profiter de cette lettre pour m'excuser de toutes les choses que j'ai pu te dire lors de votre divorce. J'espère que tu comprends aujourd'hui que c'était une petite fille blessée qui exprimait sa peine du mieux qu'elle pouvait, aussi maladroitement que cela a pu être fait. Sache aujourd'hui que j'aimerais te féliciter de ton courage. Peu de gens ont le courage qu'il faut pour quitter une vie qui les rend malheureux et risquer de tout perdre pour trouver le bonheur. Je suis heureuse que tu aies trouvé une personne bien qui te ressemble davantage pour partager ta vie. Il y a très longtemps que je n'avais pas vu dans tes yeux une telle joie de vivre et c'est ce qu'un enfant peut espérer de mieux pour son père.*

« Finalement, merci, papa, d'avoir fait en sorte que je ne manque jamais de rien. Merci de m'avoir trimballée dans toutes les expositions et d'avoir fait de mon enfance une période inoubliable de ma vie. Merci, papa, de m'avoir permis de voir à travers tes yeux que j'étais la meilleure. Je crois que cela a fortement contribué à faire de moi la personne confiante et solide que je suis devenue. Merci d'avoir cru en moi, de m'avoir regardée avec des yeux pleins de fierté et de m'avoir toujours encouragée à continuer dans mes projets. Merci, papa, de m'avoir choisie pour être ton enfant. Je t'aime. »

Pouvez-vous imaginer maintenant comment elle était heureuse d'avoir eu le courage de relever le défi et d'exprimer ce qu'elle ressentait à son père, de passer outre l'inconfort qu'elle éprouvait à le faire six mois plus tôt ? Avant de mourir, son père avait su les beaux souvenirs qu'elle gardait de lui et elle me confiait que cette seule lettre les avait rendus tous deux profondément heureux.

Développez les vertus du bonheur : gratitude, bonté et capacité d'aimer

Appuyés par une équipe de chercheurs, Christopher Peterson de l'Université du Michigan et Martin Seligman ont écrit un livre, *Character Strengths and Virtues*, qui établit une « taxinomie du bon caractère » pour mettre au point une classification des traits positifs, soit les forces mentales et les vertus des individus exceptionnels. Ils ont dressé une liste de 24 éléments, répartis en 6 catégories générales : la sagesse, le courage, l'amour, la justice, la tempérance et la spiritualité. Désireux d'éviter tout biais culturel, ils ont complété leurs recherches cliniques par des lectures d'ouvrages sur la sagesse du monde entier, allant d'Aristote et de saint Thomas d'Aquin en passant par les Upanishad, le Talmud, le Coran, Lao-tseu, Benjamin Franklin jusqu'au manuel des scouts et même le code d'honneur des Klingons (dans la série télévisée *Star Trek*).

Il s'avère que sur l'ensemble des vertus étudiées, celles qui sont les plus puissantes et propices à augmenter le niveau de bonheur sont la **gratitude**, la **bonté** et la **capacité d'aimer**. M. Peterson explique ce fait en disant que de **donner** nous fait nous sentir bien, car en se sentant généreux, nous avons l'impression de faire partie des forces au service du bien et cela nourrit notre estime de nous-même. Il ajoute que de faire du bénévolat ou d'aider quelqu'un nous distrait de notre propre existence. Ce qui peut être très bénéfique si nous vivons des difficultés. Aussi, le fait de donner apporte un sens à notre vie, nous procure une raison d'être puisque nous comptons pour quelqu'un d'autre. Éventuellement, tous les exercices testés par les chercheurs de la psychologie positive qui menaient au bonheur étaient ceux qui permettaient aux gens de se sentir encore plus connectés les uns aux autres. Chaque geste de générosité vous permet de faire naître des sourires sur le visage des autres, vous récoltez aussi leur reconnaissance et, selon la loi de la réciprocité psychologique, ils ont envie d'être gentils avec vous en retour.

Les recherches de Martin Seligman ont démontré que dès qu'une personne s'engage dans une *activité altruiste* ou un acte de générosité, son sentiment de satisfaction à l'égard de sa vie augmente de 24 %. J'ai lu également une multitude d'études indiquant que le *bénévolat* renforce l'estime de soi, réduit le rythme cardiaque, augmente la production d'endorphines, améliore le système immunitaire et apaise les impacts du stress, vous imaginez…

Donnez plus que vous ne recevez

« Tout ce qui n'est pas donné est perdu. »
– Proverbe indien

Essentiellement, la générosité consiste à participer plus pleinement à la vie des gens. C'est prendre la décision consciente de s'engager à être un « **donneur** » plutôt qu'un « **preneur** ». Notre grande satisfaction demeure de savoir que nous avons pu améliorer quelque chose dans leur vie. Je crois qu'il est sain de se poser souvent la question suivante : *« Est-ce que j'aurai vécu de manière à ce que les autres aient le sentiment que ma vie a été une bénédiction pour eux ? »*

Dans son livre, *Ce qu'il faut savoir avant de mourir*, le Dr John Izzo affirme qu'à la fin de notre vie, ce qui compte vraiment, c'est ce que nous laisserons derrière nous.

Enfin, je crois utile de s'arrêter de temps à autre, de faire le point et de se demander : « *Jusqu'à maintenant, est-ce que ma présence aura fait une différence dans la vie de quelqu'un ? À qui et à quoi aurai-je contribué ? Combien de personnes aurai-je touchées ? Quel genre de collègue aurai-je été pour mon équipe au bureau ? Aurai-je été un donneur d'énergie ou un draineur d'énergie ? Ai-je été un détecteur de fautes ou un détecteur de potentiel ? Ai-je élevé ou abaissé le monde autour ? Ai-je pris soin de réparer mes erreurs ? Est-ce que les gens auront trouvé ma joie de vivre contagieuse ? Ou est-ce que j'aurai été, pour mon entourage, un poids à supporter ?* »

Avez-vous déjà remarqué que les gens ont tendance à faire ce genre de bilan philosophique que lorsqu'ils sont à l'article de la mort, à un moment où, malheureusement, ils ne disposent plus de beaucoup de temps pour se reprendre ? Pour être certaine de réussir ma vie, je trouve plus stratégique de faire mes bilans régulièrement de façon à me réorienter en planifiant d'avance comment je souhaite vivre ma vie en fonction de mes valeurs. D'ailleurs, le philosophe américain Ralph Waldo Emerson écrivait que la **réussite d'une vie** est de :

> « *Rire souvent et beaucoup aimer. Gagner le respect d'êtres intelligents et l'affection des enfants. Obtenir l'approbation de critiques honnêtes et supporter la trahison d'amis peu sincères. Apprécier la beauté. Voir ce qu'il y a de meilleur dans les autres.*

Donner de soi-même sans rien attendre en retour. Rendre le monde un peu meilleur que ce soit par la grâce d'un enfant en bonne santé, d'une âme sauvée, d'un carré de jardin ou d'une condition sociale meilleure. Avoir ri avec enthousiasme et chanté de tout son cœur. Savoir qu'un seul être a mieux respiré parce que vous avez vécu. C'est cela la ***réussite.*** »

L'attitude du donneur, de celui qui choisit d'être une force au service du bien et qui s'investit pour améliorer le monde, le prédispose à une belle existence pleine de sens. Malheureusement, tous ne vivent pas leur vie à ce niveau de conscience. À titre d'exemple, John Izzo évoque ce jour où, étant jeune membre du clergé, il a eu à célébrer les funérailles d'un homme qu'il n'avait pas connu. Il confie qu'il n'oubliera jamais ce moment où, debout devant un cercueil fermé, il a prononcé l'éloge funèbre dans une église déserte. Même si cet homme avait vécu dans ce pays et cette région toute une vie, et que ses deux fils adultes habitaient qu'à quelques heures de là, personne n'était venu lui faire ses adieux. « *Seuls l'entrepreneur de pompes funèbres et moi étions présents. J'avais 25 ans et cette expérience m'a profondément marqué.* ***Comment une personne peut-elle vivre si longtemps et toucher si peu de gens*** ? », s'était-il demandé. Intrigué, Izzo a découvert plus tard que cet homme extrêmement amer n'avait vécu qu'en se concentrant sur ses propres besoins.

Participez à la vie des gens

Comme nous le soulignions précédemment, chaque geste, même minime, peut faire une réelle différence dans la vie de quelqu'un. Vous est-il déjà arrivé qu'un inconnu vous dise quelque chose en passant et que ces mots vous aient touché au point que vous y fassiez référence des années plus tard ?

Je connais plusieurs individus dont la vie a été marquée par une personne qui a cru en eux, qui avait confiance en leur potentiel. Récemment, j'assistais à Toronto à la présentation d'une conférencière qui me précédait et qui disait avoir été victime de taxage à l'école durant son enfance. Elle n'avait plus confiance en elle ni aucune estime d'elle-même. Elle se sentait comme une ratée et songeait même au suicide, jusqu'au jour où un professeur est arrivé dans sa vie et a tout changé pour elle. Bénévolement et avec une grande générosité, ce dernier s'est mis à passer du temps avec elle après la classe, juste pour parler et l'interroger à propos de ses rêves.

Cet enseignant a probablement ressenti sa détresse et il a eu la grandeur d'âme de prendre de son temps pour lui accorder de l'attention. Ces quelques heures passées avec lui ont fait toute la différence dans sa vie. Cela lui a redonné confiance en sa valeur et l'a propulsée au sommet d'une carrière brillante où elle cumule maintenant les succès. Pendant sa présentation, elle a dit une phrase qui m'a marquée : « ***Savez-vous comment on se sent quand on est remarquée par quelqu'un alors qu'on se sent invisible ? Ça change une vie !*** » J'espère qu'elle a eu en retour la bonté de faire part à cet enseignant de l'étendue de l'influence qu'il a eue sur sa vie.

Voici un autre exemple. Au cours d'un exercice de « connaissance de l'autre » à l'université, je demande à mes étudiants d'avoir entre eux différents types de conversations. J'observais un groupe en train d'échanger sur le moment où ils ont fait l'expérience de l'émotion de la gratitude. Soudainement, une étudiante se met à parler d'une voisine de son enfance qui était présente à sa détresse alors qu'elle vivait beaucoup de tension dans sa famille. Elle racontait que cette dame l'invitait une ou deux fois par semaine à venir prendre un chocolat chaud pour discuter ensemble de leur vie. À l'évocation de ce souvenir, cette étudiante a éclaté en sanglots en disant : « *Une chance que j'ai eu cette femme-là dans mon existence, elle était mon havre de paix. C'est elle qui m'a aidée à passer à travers les pires moments de ma vie !* »

Souvent ce n'est même pas le geste ou la parole qui font la différence, mais plutôt **la manière que le geste a été accompli ou la façon que la parole a été dite**. Dans le répertoire des moments magiques de ma vie, je savoure encore et encore, les « *remerciements de Charles* », un de mes étudiants à l'École Polytechnique. Le cours que j'y enseigne fait partie du programme « habiletés personnelles et relationnelles ». Avec mon adjointe Julie Lemaire, nous accompagnons les étudiants et les aidons à comprendre comment se développe l'intelligence émotionnelle. Nous les incitons à mettre en pratique les stratégies d'affirmation de soi qui conduisent vers une augmentation de l'estime de soi. Nous insistons aussi sur l'importance d'exercer son courage en se pratiquant constamment à sortir de sa zone de confort.

Après trois jours de ce cours particulièrement puissant, Charles est venu nous voir. C'était un jeune homme qui, manifestement, manquait de confiance en lui. Timide, introverti et réservé, il n'avait pas osé prendre la parole pendant tout le cours. Il avait écrit dans son plan d'action souhaiter prendre tout son courage pour faire un geste d'affirmation et témoigner de ce qui l'avait touché au cœur. Il se présente devant nous et dit, d'une voix chevrotante : « *Je voulais vous serrer la main et vous remercier pour votre joie de vivre.* »

Il tend alors sa main vers moi et je la sens humide et tremblante. Consciente du courage qu'il lui avait fallu démontrer pour faire ce geste, malgré son haut niveau d'émotivité, je l'ai **regardé avec tellement d'admiration et d'affection,** et **j'ai eu envie de le prendre dans mes bras**. Mais je me suis retenue car nous étions à l'université et je croyais que « cela aurait été déplacé ». Je l'ai regretté par la suite, mais à cette période de ma vie, j'étais moins conscience qu'aujourd'hui de la contribution que peut apporter un témoignage physique d'affection et de reconnaissance dans la vie d'une personne.

Néanmoins, Charles a dû percevoir mon impulsion du cœur, car, visiblement ému, il a ajouté en se mettant à pleurer : « *Je n'ai jamais vu une telle joie de vivre. Ça fait vraiment du bien à voir. Merci de m'avoir montré que ça peut exister. Je vais toujours me souvenir de cela.* » Julie et moi étions saisies. Nous sommes restés là à bavarder avec lui et nous avons appris que constamment poussé par des parents éternellement insatisfaits de ses efforts, ce jeune homme souffrait d'une anxiété telle qu'il était pratiquement en dépression.

Avant de nous quitter, il a promis d'aller consulter le psychologue de l'école.

Je crois humblement que Julie et moi avons réussi non seulement à lui faire connaître des stratégies qui augmentent sa capacité à performer, mais je suis persuadée que ce qui a été le plus transformateur pour lui, c'est surtout de nous observer pendant ces trois jours, **lui démontrer par notre attitude, l'énergie émanant de notre propre passion et de notre joie de vivre**. Il a assisté en temps réel à la preuve qu'on peut créer davantage de performance et augmenter notre capacité d'influence, lorsqu'on est en mesure de puiser notre énergie à la source de l'état émotionnel approprié.

Donc, comme nous le constatons, pour laisser derrière soi un monde meilleur, il n'est pas question de faire nécessairement grand-chose ou un exploit hors du commun. Il peut s'agir d'un simple service offert au moment opportun, d'une parole aimante alors que quelqu'un se sent seul et suicidaire. Un mot d'encouragement au cœur de l'épreuve. Un regard complice et bienveillant quand une personne se sent invisible et insignifiante. L'idée, c'est de s'engager à multiplier les actes de gentillesse, et ce, sans attendre de retour.

Faites des dépôts sans attendre de retour

Ne pas attendre de retour ni de marque de reconnaissance pour donner suite à nos gestes de bonté est une nuance importante à faire ici. L'idée c'est **d'être généreux pour le bien-être que le geste procure à la fois aux autres et à nous-même**. Nous pouvons croiser les doigts et espérer que nos actions portent fruit, mais il ne faut pas trop axer notre attention sur les effets, car nous avons rarement la chance de mesurer la portée de notre influence sur les autres. Un proverbe chinois dit que: «*Celui qui plante un arbre a rarement la chance d'apprécier l'ombre qu'il fera.*» J'ajouterais même que les apparences peuvent être trompeuses à cet égard.

Lors d'une de mes conférences devant un groupe de 100 personnes, l'enthousiasme était au rendez-vous et je sentais que je connectais profondément avec mon auditoire, à l'exception d'un individu. Assis au centre, vers la quatrième rangée, il avait les bras croisés et un air grognon. J'ai fait l'impossible pour tenter de l'interpeller, mais en vain. Je me souviens de ma déception de ne pas avoir réussi à toucher son cœur.

Toutefois, quelle ne fut pas ma surprise de le rencontrer 10 jours plus tard lors d'un autre événement et qu'il me demande si je pouvais lui offrir du *coaching* individuel ! Il m'affirmait que jamais une conférence ne l'avait saisi autant et qu'il en était ressorti tout ébranlé ! Ce jour-là, j'ai compris combien certaines actions peuvent provoquer des impacts positifs même si les signes semblent nous indiquer le contraire.

Alors, je vois maintenant mes interventions et **mes actes de générosité** comme des **dépôts** que je fais dans le **compte de banque émotionnel des gens**. Après quoi, je me dis à moi-même : « *Pourquoi ne pas faire plusieurs dépôts chez plusieurs personnes… ?* » Ensuite oublier mes investissements et laisser la Vie se charger des intérêts ? Quelle belle surprise inattendue plus tard que de retrouver la somme, ailleurs, augmentée des intérêts composés !

Participez de façon « active et constructive »

Dans le but d'ajouter un outil nous conduisant à une vie pleine de sens, reportons-nous du côté de l'Université de Californie, à Los Angeles, où la professeure de psychologie Shelly Gable a observé la **psychologie positive de l'amour et du mariage**. Sachons qu'habituellement, les études faites sur le mariage portent surtout sur la gestion des conflits, les incompatibilités, les médiations, etc., puisque les interventions des thérapeutes auprès des couples visent à transformer des mariages misérables en des unions plus tolérables ou sinon, à rendre le processus de divorce plus harmonieux. Les clients apprennent comment répondre à la critique, comment s'affirmer lorsqu'ils sont blessés, bref, comment se quereller avec plus d'élégance en quelque sorte.

Mme Gable a plutôt démystifié les facteurs présents au sein des unions extraordinaires. Ses trouvailles donnent des indications sur comment transformer n'importe quelle « bonne » relation (avec un enfant, un collègue, un ami, un conjoint, etc.) en une excellente relation ! Elle a donc constaté qu'une des **clés distinctives de solides relations** reposait sur **la façon de répondre à l'autre lorsqu'il reçoit une bonne nouvelle** ou qu'il vit une victoire personnelle. Avons-nous tendance à capitaliser sur les bons coups de nos proches ? Cette question nous invite à développer la conscience de soi et à s'observer en interaction. Par exemple, comment réagissons-nous lorsque notre conjoint vient d'avoir une promotion, que notre adolescent s'apprête à sortir avec la plus belle fille de sa classe, que notre père nous annonce qu'il a joué sa meilleure partie de golf à vie ?

Ceux qui n'en font pas de cas, qui donnent l'impression d'être désintéressés, qui regardent ailleurs, qui vont même changer de sujet : « *Qu'y a-t-il pour souper ?* » ou qui quittent la pièce, donnent une réponse dite **passive-destructive**. Rien n'est plus néfaste pour une relation que le fait que l'autre soit indifférent à nous, qu'il fasse comme si nous n'étions pas là et que nous n'avions aucune importance à ses yeux.

Ceux qui en réponse à une bonne nouvelle vont trouver les éléments négatifs ou les inconvénients de la situation, comme par exemple : « *Es-tu certain de pouvoir gérer le surplus de responsabilités venant avec cette promotion* ? » sont des éteignoirs. Ils donnent une réponse **passive-destructive**.

Quant à la participation **passive-constructive**, même si elle est légère, que nous ne fassions pas tout un plat de la situation et que nous ne disions pas grand-chose, elle manifeste malgré tout que nous éprouvons du contentement pour l'autre : « *C'est beau, mon chéri.* » C'est un soutien silencieux.

Enfin, ceux qui réagissent avec un enthousiasme notoire à la bonne nouvelle offrent à l'autre une participation **active-constructive.** C'est la réponse qui approfondit et solidifie le plus la relation : « *Wow ! C'est la nouvelle de la semaine ! Ce n'est certainement pas la dernière promotion qui te sera proposée ! Comment ton patron t'a-t-il annoncé la nouvelle ? Qu'est-ce que tu t'es dit intérieurement quand tu* *l'as appris ?* » La personne pose des questions pour en savoir plus et démontre un intérêt sincère envers l'événement.

Enfin, au sein des relations solides et nourrissantes, c'est ce dernier type de réaction qui est observée le plus souvent : le phénomène du **bonheur ensemble.** C'est profondément enrichissant pour les deux parties de « capitaliser » sur les bonnes nouvelles des autres en participant activement et de façon constructive à leur joie, à leur victoire. Bref, en tirant parti des bonnes situations de la vie de l'autre, notre type de réaction peut soit solidifier notre relation, soit l'effriter et l'affaiblir. D'autant plus qu'il est certainement beaucoup plus facile pour les relations qui ont construit beaucoup de « bonheur ensemble » de faire face aux tempêtes émotionnelles et de traverser les crises de la vie qui ébranlent bien des relations.

Testez l'effet de ces comportements

Si vous désirez être un donneur d'énergie pour votre interlocuteur et l'aider à grandir par votre présence, testez auprès de lui l'effet de ces comportements-ci : premièrement, écoutez-le avec fascination comme si la survie de la planète en dépendait… et je blague à peine… Orientez et penchez votre corps vers lui en signe d'intérêt. Regardez-le avec des yeux remplis d'affection. Prenez le temps de ressentir de l'admiration ou d'apprécier certaines caractéristiques chez lui et faites en sorte que votre estime envers lui soit absolument sincère. **L'attention affectueuse c'est de l'amour pur**, et ça fait du bien. Sachez aussi qu'il n'est pas nécessaire de faire de grands discours, car le silence est même souvent préférable. Il suffit de ressentir intensément et de rayonner vers lui la vibration de la reconnaissance, de la compassion et de la tendresse. Non seulement, un regard riche de sens peut habiter et résonner dans le cœur de quelqu'un pendant des années, mais présenter un regard admirateur peut permettre à une personne de se révéler à elle-même à travers nos yeux.

Enfin, retenons que l'affection est une question de choix pour les gens intelligents sur le plan émotionnel et qu'en commandant en nous l'émotion juste, notre présence peut inspirer, réconforter et faire grandir les gens.

L'amour en tant que choix

> *« Traitez les gens comme s'ils étaient ce qu'ils pourraient être et vous les aiderez à devenir ce qu'ils sont capables d'être. »*
>
> – Goethe

Toutefois, ce n'est pas facile de ressentir spontanément de l'amour envers tout le monde n'est-ce pas ? En visionnant un film au cinéma, il y a quelques années, j'ai entendu la réflexion suivante : *« Il n'y a pas de vertu à aimer l'enfant qui est beau, affectueux et qui sent bon ; il y en a par contre à choisir d'aimer celui qui est désagréable, distant et malpropre. »* C'était la première fois que je prenais le temps de réfléchir au fait que l'amour pouvait être un choix.

En fait, dans notre société, **l'amour** est généralement perçu comme une **émotion**, comme une **impulsion spontanée du cœur**. Par exemple, on va dire : « Ce collègue-là, je l'aime », « j'aime la psychologie et la communication, mais je n'aime pas les chiffres », « j'aime ou je n'aime pas Madonna ». D'autre part, bien que nous y fassions beaucoup moins référence, il y a aussi le **choix délibéré** que certains ont fait d'être des personnes aimantes, de développer en eux la **capacité d'aimer,** peu importe si l'impulsion d'amour a été ressentie au départ ou non.

Par exemple, en discutant avec des confrères d'université l'autre jour, j'expliquais combien j'avais eu de la difficulté à aimer l'étudiant qui me méprisait et dont je vous ai parlé antérieurement. En réponse à cela, mon collègue me rétorque avec spontanéité et conviction : « *Voyons donc, Isabelle, ignore-le, tu n'as pas à t'occuper de lui. Tu n'es pas obligée d'aimer tout le monde !* » Et mon collègue d'être estomaqué de constater que je ne comprenais pas une telle évidence.

Étant donné que j'ai étudié l'intelligence émotionnelle et la psychologie de l'influence, je reconnais le pouvoir transformateur de l'amour maintenant. Je sais à quel point cela fonctionne ! D'autant plus que je sais pertinemment pouvoir provoquer l'amour en moi, et ce, même si c'est artificiel au début (quand les conditions ne sont pas favorables), car par la suite, un sentiment sincère s'installe. Je sais aussi à quel point l'intensité de mon affection et de mon appréciation envers quelqu'un peut faire une différence sur la qualité de mon enseignement. Si je ne le faisais pas, ce serait pour moi tout autant de la mauvaise foi que de la paresse ou de la lâcheté.

En plus, je n'ai aucun mérite, car aimer un étudiant méprisant, un client difficile, c'est facile ! Ce n'est absolument rien à côté de ce que les Mandela et Gandhi de ce monde ont dû affronter, ni les mères dont les enfants ont été maltraités ni les gens qui ont subi des sévices cruels. En fait, mes petits défis relationnels sont beaucoup trop modestes pour ne pas les utiliser pour muscler et renforcer les circuits neurologiques qui augmentent ma capacité et mon pouvoir d'aimer.

Il reste cependant qu'il faut s'engager à aimer, s'y pratiquer encore et encore, puis s'y entraîner. Depuis 2006, chaque fois que j'en ai la chance et le temps, autant avant mes cours que mes conférences, je regarde mon monde et je me « pratique » à les aimer. J'essaie de leur ouvrir mon cœur. Je fais en sorte de les trouver beaux. Je les imagine tendres avec les enfants, les personnes âgées. Mais quand j'ai des problèmes avec mes équipements technologiques ou que je suis en retard et que je n'ai pas le temps de me mettre dans cet état d'accueil et d'amour, je constate une nette différence dans ma capacité à connecter avec mon groupe. Par conséquent, mon enseignement n'est ni plus ni moins qu'une présentation tiède, plus ordinaire qui ne marque l'esprit de personne.

Mais se faire dire d'aimer le monde, c'est tellement cliché!

« Il est grand temps de rallumer les étoiles. »
– Guillaume Apollinaire

Des gestionnaires avec qui j'ai eu l'occasion de faire de la consultation en gestion de conflits se moquaient d'une formatrice qui m'avait précédée en répétant entre eux à la blague et avec le ton de voix d'une vieille institutrice: « *L'important c'est de gérer avec fermeté et amour.* » Et c'était à un point tel que mon client, avant de me confier le mandat, m'avait avisée d'éviter d'utiliser ces termes: fermeté et amour. « *Pour que tu ne perdes pas ta crédibilité* », m'avait-il dit.

Dans un sens, je suis d'accord avec eux, car se faire dire qu'on doit aimer le monde, c'est tellement cliché de nos jours, n'est-ce pas? On l'affirme depuis le début des temps et cette expression est surutilisée et galvaudée si bien que beaucoup de gens s'en moquent, comme si c'était d'une banalité insipide.

Toutefois, même si cette invitation à aimer l'autre peut paraître employée à tort et à travers à force d'être répétée, *les manifestations concrètes* du comportement aimant ne sont pas aussi évidentes et répandues en milieu de travail, surtout dans les secteurs où règne le concept du « chacun pour soi ». Personnellement, même si je crois que les êtres humains sont fondamentalement bons, ils sont plutôt rares ceux qui se distinguent par leur capacité d'incarner l'amour de façon telle qu'on se sent transpercés d'amour et atteints profondément en leur présence. Bref, quand on rencontre de telles personnes, on s'en souvient, car juste d'être auprès d'elles, c'est toute une expérience! Nous en sommes peut-être même d'autant plus touchés que le phénomène est rare?

Grâce à mon travail de conférencière, j'ai la chance d'observer un grand bassin d'individus et je me souviens encore de ceux qui m'ont marquée, des gestionnaires (ou des organisateurs) qui s'investissaient tellement cœur et âme dans les activités de développement et de reconnaissance de leurs employés qu'à voir leur fébrilité, nous pourrions croire qu'ils étaient en train de préparer le premier Noël de leurs enfants… L'affection et la générosité, c'est tangible.

Centré sur soi-même

Dans son livre, *Cultivez l'intelligence relationnelle*, Daniel Goleman va plus loin dans son explication de l'effet miroir et il apporte plus de précisions quant au phénomène des ***neurones miroir*** dans notre cerveau, celles qui s'activent afin que nous soyons capables de compassion pour aider ceux qui souffrent. À la base, nos options par défaut dans le cerveau nous inciteraient biologiquement à aider autrui, car les zones activées par la souffrance de l'autre stimulent et activent les mêmes zones chez nous, pour peu que nous portions attention à l'autre, que nous prenions le temps d'être présent à lui.

Par contre, le problème, dit Goleman, c'est que **ces neurones miroir ne réussissent pas à s'activer en nous**, car nous ne prenons pas le temps de nous attarder à l'autre. Nous sommes trop dévorés par nos propres préoccupations, absorbés dans nos pensées ou trop pressés par le temps. **Cette coupure d'attention empêche la connexion de s'établir** et c'est pourquoi la plupart de nos relations nous laissent vides.

Par conséquent, être préoccupé quand nous sommes en relation, c'est être coupé de l'autre et ce n'est pas nourrissant. Alors, dès que nous investissons 100 % de notre attention sur l'autre, nous devenons occupé tout entier par lui, nos neurones miroir s'activent et le lien qui se crée fournit aux deux personnes beaucoup d'énergie.

La puissance de Nelson

> *« Pour dire "je t'aime", les Indiens Yanomami en Amazonie disent : "Ya pihi irakema", qui signifie : "j'ai été contaminé par ton être" – une partie de toi est entrée en moi, elle y vit et y grandit. »*
>
> – David Servan-Schreiber

J'ai eu la chance de côtoyer et d'observer des mentors, des *coachs* et des formateurs qui m'ont servi de modèles. Par exemple, je me souviendrai jusqu'à la fin de mes jours de la puissance d'amour et de la qualité de présence de Nelson, un *coach* américain de 74 ans, venu à Montréal en 2006, pour donner une formation de 4 jours. Jamais un enseignement ne m'a autant impressionnée, voire bouleversée. Et cela n'avait rien à voir avec le contenu de son cours qui était, somme toute, semblable à tant d'autres, mais plus avec ce que dégageait cet homme. Je me rappelle encore la conversation qu'il a échangée avec une jeune femme qui lui expliquait être mariée depuis un an, mais qu'elle était tombée profondément amoureuse d'un collègue avec qui elle entretenait une relation extraconjugale.

Nelson regardait cette femme avec **tellement d'amour** et **de compassion** que cela était presque palpable. C'était comme un énorme pipeline d'énergie émotionnelle auquel nous aurions pour ainsi dire pu toucher. À la vitesse de l'éclair, et probablement grâce à une intensité d'amour inégalée, cet homme établissait entre eux le plus solide pont empathique que j'avais eu la chance d'observer. Juste à les regarder, nous sentions que le lien était créé et que ce pont pouvait soutenir le poids des contenus les plus difficiles. Ainsi, Nelson n'a-t-il eu qu'à lui souligner l'importance de l'intégrité et de l'authenticité pour bâtir une famille avec son mari. Il lui a exposé les différents choix qui s'offraient à elle, dont celui de tout expliquer à son mari et de l'inviter à nous rejoindre afin qu'il les accompagne tous deux, au moment de la pause, dans le processus de « nettoyage » des erreurs commises.

En moins de temps qu'il n'en faut pour le dire, la jeune femme s'est immédiatement levée, est sortie de la salle, a pris son cellulaire et s'est empressée de mettre en application cette suggestion en appelant son mari pour tout lui raconter. Comme si c'était une évidence ! L'intervention de Nelson n'avait duré que 10 minutes. Quelle capacité d'influence quand même ! Et quel homme avais-je eu la chance de modéliser. Jamais je n'avais été **témoin, *en action*, d'une telle capacité d'amour** chez quelqu'un que lors de ces 4 jours passés à observer le non-verbal et le transfert d'énergie émotionnelle dont Nelson était capable.

Je suis allée le rencontrer vers la fin de la formation pour lui dire à quel point j'étais touchée et que j'admirais sa générosité et sa capacité d'investissement personnel lors de son *coaching*. En guise de réponse, il a pris ma main entre les siennes avec affection, comme si j'étais sa propre fille. Puis il m'a regardée avec une telle présence et une telle tendresse, que j'ai eu l'impression d'être la seule personne au monde qui comptait pour lui en cet instant. C'était une expérience émouvante et bouleversante à souhait. Je sentais ni plus ni moins une décharge électrique parcourir ma colonne vertébrale et créer une forme d'expansion dans ma poitrine.

De plus, je crois qu'il a pris le temps qu'il fallait afin que je ressente bien l'importance de ce qu'il allait me dire, car il a fait durer cette expérience dans le silence pendant plus d'une dizaine de secondes avant de finalement me confier : « *Isabelle, je me demandais quand tu te déciderais à venir me parler. Tu es faite pour ce genre de travail. Je l'ai vu chez toi dès la première journée. Cesse de "jouer petit" et contribue au monde de tout ton cœur ! Lance-toi à l'eau, tu vas te rendre compte que tu sais nager. Ça va être naturel pour toi. Tu vas l'apprendre en le faisant.* »

Pour être tout à fait honnête avec vous, il se dégageait de lui **une telle conviction** dans ses propos que je l'ai cru immédiatement. Et à cet instant-là, en retournant m'asseoir, j'ai pris le ferme engagement d'être aussi puissante que Nelson dans ma capacité à aimer et d'apporter ma contribution à la vie. J'ai décidé de cesser de « jouer petit », de renoncer à rester dans ma zone de confort à soigneusement tout calculer pour sauver mon image. J'ai fait un pacte avec moi-même, celui de déployer mes ailes à la mesure du potentiel que cet homme avait vu en moi.

Aujourd'hui, je suis certaine que ce qui me permet d'avoir de l'impact en gestion de conflits, c'est l'héritage de l'influence de Nelson sur ma vie. Si dans le cadre d'un cours de 45 heures à l'université, je suis capable d'influencer des jeunes de 20-25 ans à se réconcilier avec leurs parents à qui ils n'adressent plus la parole depuis des années, c'est que mes étudiants sentent que je suis à 100 % dans leur camp, que je ne les juge pas et qu'ils ressentent mon affection pour eux. Ils perçoivent également que mon intention est de les amener bien au-delà des trois crédits universitaires qu'ils viennent chercher et cela crée un pont empathique qui m'aide à pouvoir contribuer à leurs vies.

« *Aimer exagérément : c'est la seule bonne mesure* »

> « *Devenez une tornade de tendresse.* »
>
> – Sri Adi Dadi

J'ai été touchée par le livre de l'écrivaine Christiane Singer *Derniers fragments d'un long voyage*, celui qu'elle a écrit pour **décrire son cheminement vers la mort**. Avant de s'éteindre, cette dame pleine de sagesse a observé que lorsqu'il n'y avait plus rien, il y avait quand même l'amour. Elle affirme avec conviction que l'amour n'est pas un sentiment, qu'il est la substance même de la création. J'ai particulièrement apprécié le passage où elle offre le conseil suivant : « Surtout ne pas oublier d'aimer exagérément : c'est la seule bonne mesure. »[3] Selon l'écrivaine, la seule chose sensée à faire est d'aimer, de s'exercer jour et nuit à aimer de toutes les manières possibles.

Enfin, avez-vous déjà remarqué qu'on se sent beaucoup plus vivants, plus rayonnants de vie lorsque nous sommes amoureux?

---

3. Christiane Singer, *Derniers fragments d'un long voyage*, Paris, Albin Michel, 2007.

Alors, pourquoi ne pas faire en sorte que cet état intérieur perdure en choisissant de tomber amoureux de la vie ?

Donnez priorité aux gens

« Ne dites pas "plus tard" à l'amour. »
– William Shakespeare

Je ne sais pas si vous constatez la même chose, mais pour moi la vie défile rapidement ! Il y a tant à accomplir que c'est la course contre le temps. S'investir dans son travail, réaliser des projets spéciaux (comme la rédaction de ce livre, les projets de rénovation…), prendre du temps pour nourrir le sentiment amoureux dans le couple, prendre soin des enfants (devoirs, douches, lunchs, repas, cours de gym, grippes, etc.), consacrer du temps à la famille élargie, planifier des moments avec des amis, les loisirs, etc. L'horaire est chargé. Les préoccupations qui mobilisent notre esprit sont nombreuses. N'est-ce pas que c'est facile d'être centré sur l'accomplissement des tâches, en fuite vers la prochaine étape ? En toute honnêteté, même si je souhaite ardemment donner priorité aux gens dans ma vie, je dois avouer que c'est mon ultime défi. Et comme Daniel Goleman le disait : « Mes neurones miroir n'ont pas suffisamment de temps pour s'activer… »

C'est peut-être pour cette raison qu'un passage du livre de John Izzo m'a particulièrement interpellée. C'est celui d'une femme qu'il a interviewée et qui lui racontait que chaque matin, elle faisait la prière suivante : « *Dieu ouvre mon cœur à l'amour pendant tout le temps où je serai à l'extérieur de cette maison. Aide-moi à savoir reconnaître sur ma route les gens pour qui un mot gentil, un sourire, un regard de ma part pourrait changer la vie.* ***Je prie pour que, dans le feu de l'action, je ne rate pas cette occasion.*** » [4]

---

4. John Izzo, *Ce qu'il faut savoir avant de mourrir*, Brossard, Éditions Un monde différent, 2009, p. 184. C'est moi qui souligne en caractères gras.

Alors, quand je me pose les questions suivantes : « *Ai-je permis aux choses d'être plus importantes que les gens ? Ai-je agi comme si tout étranger était quelqu'un pour qui je pouvais faire une différence ?* », je dois avouer que je ne suis pas toujours très fière de mes réponses… Il me faut changer l'option qui, par défaut de ma neurologie, m'amène dans le circuit du sentiment d'urgence, en me pratiquant à ralentir pour être présente aux gens. Je dois m'y entraîner et m'y réengager chaque jour, sinon je risque d'avoir honte de mes réponses aux questions énoncées auparavant.

Travaillez avec amour

« *Si seulement vous pouviez aimer suffisamment, vous pourriez être la personne la plus puissante du monde.* »

– Emmet Fox

N'est-ce pas que notre emploi, notre travail, notre carrière constituent la tribune, la plate-forme relationnelle idéale pour développer son intelligence émotionnelle et se pratiquer à apporter sa contribution à l'univers ?

À ce titre, connaissez-vous le célèbre ouvrage de Khalil Gibran, *Le Prophète*[5] ? Il y écrit :

> « Lorsque vous travaillez avec amour, vous vous reliez à vous-même, et l'un à l'autre et à Dieu. Et qu'est-ce que travailler avec amour ? C'est tisser l'étoffe avec des fils tirés de votre cœur, comme si votre bien-aimé devait porter cette étoffe. (…)
>
> C'est semer des grains avec tendresse et récolter la moisson avec joie, comme si votre bien-aimé devait en manger le fruit. C'est mettre en toute chose que vous façonnez le souffle de votre esprit (…)
>
> ***Le travail est l'amour rendu visible*** *(…)*

5. Khalil Gibran, *Le Prophète*, Édition Casterman, 1956. C'est moi qui souligne.

> *Et si vous ne pouvez travailler avec amour, mais seulement avec dégoût, il vaut mieux abandonner votre travail et vous asseoir à la porte du temple et recevoir l'aumône de ceux qui œuvrent dans la joie. Car si vous faites le pain avec indifférence, vous faites un pain amer qui n'apaise qu'à moitié la faim de l'homme. Et si vous pressez le raisin de mauvaise grâce, votre regret distille un poison dans le vin. Et si même vous chantez comme les anges et n'aimez pas le chant, vous fermez les oreilles de l'homme aux voix du jour et aux voix de la nuit.* »

J'ai l'impression que déjà en 1923, ce poète libanais connaissait les bienfaits de la vie d'engagement et de la vie pleine de sens observés dans les recherches de Martin Seligman. Il avait compris que c'est profondément grisant de se perdre soi-même au sein d'une activité rendue captivante par notre seule volonté consciente de s'y investir avec amour et attention. Quant à Gandhi, il disait que « *la meilleure manière de se trouver était de se perdre dans le service aux autres* ». Par conséquent, si en accomplissant notre travail nous sommes blasés, désabusés, désinvestis, c'est l'heure de changer d'emploi ou de sérieusement se réengager à notre mission de vie, car la fermeture du cœur limite notre énergie et nous affaiblit à tous les niveaux. Ainsi, le corps physique est moins vivant, le cœur est moins aimant et notre mental devient moins intelligent.

CHAPITRE 22

Leadership de cœur

« La compréhension, l'expression, la gestion des émotions : ce sont quelques-uns des plus grands défis que l'humanité ait à relever. »

– Stone, Patten, Heen

Pour conclure, êtes-vous d'avis que l'humanité a besoin de plus de leadership de cœur pour faire face aux nouveaux défis de l'existence ? J'ai l'intime conviction que nous aurons bientôt besoin de chefs qui sauront conduire les émotions des hommes dans la bonne direction et ainsi contribuer à l'élévation du niveau de conscience de l'humanité. Des leaders qui prendront des décisions importantes avec l'aide de leur bon loup, car à moyen ou long terme, je doute que la planète passe le test de l'avidité et de l'ego des hommes ?

Les promesses de la neuroplasticité

Richard Davidson, directeur du prestigieux laboratoire de neurosciences affectives de l'Université du Wisconsin, parle de la neuroplasticité cérébrale, comme possibilité de modifier, de muscler et de renforcer de nouveaux circuits neurologiques et pour développer de nouvelles habitudes émotionnelles. Il n'hésite pas à clamer haut et fort que la plasticité neuronale « est appelée à bouleverser l'ensemble de la psychologie dans les années à venir. »

Des outils sont enfin disponibles. Nourrissons le bon loup et développons le quotient émotionnel chez les gens afin qu'ils aient accès au meilleur d'eux-mêmes et qu'ils gèrent leurs relations et leurs vies à partir d'un puissant niveau de conscience. Élargissons la portée de ces connaissances en commençant par les jeunes dans nos écoles, en entreprise par le *coaching* et la formation continue. Étendons cela au grand public grâce aux livres, aux documentaires et au pouvoir infini des médias pour contribuer à créer une culture de possibilités.

Libres, puissants et heureux

> « *Visez la lune. Même si vous la manquez, vous vous retrouverez dans les étoiles.* »
>
> – Les Brown

En terminant, je suis persuadée que vous serez d'accord avec moi pour affirmer que plus nous développons notre intelligence émotionnelle, plus nous acquérons de **liberté intérieure et de pouvoir sur notre vie**. Par la maîtrise de nos émotions, nous cessons d'être des **pantins téléguidés** réagissant aux aléas de la vie et aux attitudes des gens autour de nous. Ainsi, la réussite d'une vie telle que nous la concevons devient plus facilement et rapidement accessible.

L'état des connaissances sur le fonctionnement de l'être humain est tel qu'une multitude de ressources et de stratégies existent et sont à notre portée. Il ne tient qu'à nous **d'investir dans notre principal outil, c'est-à-dire nous-même**, afin de déployer au maximum le **plein potentiel** qui nous habite. Il est d'ailleurs tellement supérieur à ce que nous pouvons envisager…

BIBLIOGRAPHIE

Amen, G. Daniel, *Change your brain, change your life : the breakthrough program for conquering anxiety, depression, obsessiveness, anger, and impulsiveness*, New York, Three Rivers Press, 1998.

André, C., *Imparfaits, libres et heureux : pratiques de l'estime de soi*, Paris, Odile Jacob, 2006.

Boltz, M. G., *The cognitive processing of film and musical soundtracks*, Memory & Cognition, 32, 2004, 1194-1205.

Campbell, T.C., *The China Study*. Dallas, TX : BenBella Books, 2005.

Childre, D, et Martin, H., *L'Intelligence intuitive du cœur : La Solution HeartMath*, Outremont, Ariane Éditions Inc., 2005.

Csikszentmihalyi, M., *Flow : The Psychology of Optimal Experience*, New York, Harper & Row, 1990.

Csikszentmihalyi, Mihaly, *Vivre : La Psychologie du Bonheur*, Robert Laffont, 2004.

Davidson, R.J., Ekman, P., Senulius. S., et Friesen, W., « *Emotional Expression and Brain Physiology I : Approch/Withdrawal and Cerebral Asymetry* », *Journal of Personality and Social Psychology*, 58. 1990, pp. 330-341.

Emmons, R., A. and McCullough, M., E., *The Psychology of Gratitude*, New York, Oxford University Press, 2004.

Firlik, K., *Another day in the frontal lobe : A brain surgeon explores life on the inside*, New York, Random House, 2006.

Fortin, B., « *Les émotions et la santé* », *Psychologie Québec*, janvier, 2002, pp. 25-28.

Gentry, W.D., *Anger Free: Ten Basic Steps to Managing your Anger*, New York, HarperCollins, 1999.

Gibran, Khalil, *Le Prophète*, Édition Casterman, 1956.

Goleman, Boyatzis, McKee, *Primal Leadership*, Éditeur Harvard Business, 2002.

Goleman, D., *Cultivez l'intelligence relationnelle*, Paris, Robert Laffont, 2009.

Goleman, D., *L'Intelligence émotionnelle-2*, Paris, Éditions J'ai lu, 1999.

Goleman, D., *Surmonter les émotions destructrices*, Paris, Robert Laffont, 2003.

Goleman, Daniel, *L'Intelligence émotionnelle*, Paris, Éditions J'ai lu, 1997.

Grace, M., *Reel fulfillment: a 12 step plan for transforming your life through movies*, New York, McGraw-Hill, 2005.

Hesley, J.W., et Hesley, J.G. , *Rent two films and let's talk in the morning*, New York, John Wiley & Sons, Inc., 2001.

Izzo, John, *Ce qu'il faut savoir avant de mourir*, Brossard, Les éditions Un monde différent, 2009.

Lelord, F., et André, C., *L'estime de soi : s'aimer pour mieux vivre avec les autres*, Paris, Odile Jacob, 2002.

Lelord, F., et André, C., *La Force des émotions*, Paris, Odile Jacob, 2001.

Levitin, Daniel, *Life Soundtracks : The uses of music in everyday life*, 2007. Voir http://levitin.mcgill.ca/pdf/LifeSoundtracks.pdf

Levitin, Daniel, *This Is Your Brain on Music : The Science of a Human Obsession*, New York, Dutton/Penguin, 2006.

Loehr, J. and T. Schwartz, *The Power of Full Engagement : Managing Energy, Not Time, is the Key to High Performance and Personal Renewal*, Free Press, 2003.

Marquier, A., *Le Maître dans le cœur*, Édition Valinor, 2007.

Maslow, A., *Religions, Values and Peak-Experiences*, NY, Penguin Books, 1964, 1976.

McCraty, R., and Childre, D., « *The Grateful Heart : The Psychophysiology of Appreciation* » (p.241), in : Emmons, R., A.

and McCullough, M. E., *The Psychology of Gratitude*, New York, Oxford University Press, 2004.

Peacock, F., *Arrosez les fleurs, pas les mauvaises herbes*, Montréal, Éditions de l'Homme, 1999.

Pert, C., *Molecules of Emotion: the Science Behind Mind-Body Medicine*, First Touchstone, New York, 1999.

Peterson, Christopher, Seligman, Martin E. P., *Character Strengths and Virtues*, Oxford : Oxford University Press, 2004.

Ready, R. et K. Burton, *La PNL pour les nuls*, Éditions Générales, First, 2004.

Rimé, B., « *Faut-il parler de ses émotions ?* », *Sciences humaines*, avril, n° 104, 2000, pp. 16-20.

Seligman, Martin E. P., *Authentic Happiness : Using the New Positive Psychology to Realize Your Potential for Lasting Fulfillment*, New York, Free Press, 2002.

Seligman, Martin E. P., *Helplessness : On Depression, Development, and Death*, San Francisco, 1975.

Seligman, Martin E. P., *Learned Optimism : How to Change Your Mind and Your Life*, New York, Knopf, 1991.

Seligman, Martin E. P., *The Optimistic Child : Proven Program to Safeguard Children from Depression & Build Lifelong Resilience*, New York, Houghton Mifflin, 1996.

Seligman, Martin E. P., *What You Can Change and What You Can't : The Complete Guide to Successful Self-Improvement*, New York, Knopf, 1993.

Servan-Schreiber, D., *Anticancer : Prévenir et lutter : grâce à nos défenses naturelles*, Paris, Éditions Robert Laffont, 2007.

Servan-Schreiber, David, *Guérir le stress, l'anxiété et la dépression sans médicaments ni psychanalyse*, Paris, Éditions Robert Laffont, 2003.

Sloboda, J., and Juslin, P., *Music and Emotion : Theory and Research (Series in Affective Science)*, Oxford, University Press, 2001.

Stone, D., Patton, B., et Heen, S., *Comment mener les discussions difficiles*, Éditions du Seuil, 2001.

Stroink, G., « *Principles of cardiomagnetism* », *Advances in Biomagnetism*, S. J. Williamson et al., New York, Plenum Press, 1989, pp. 47-57.

The comforting effect: Lisa Berkman et al. « *Emotional Support and Survival after Myocardial Infarction* », *Annals of Internal Medicine*, 1992.

The Science of Happiness: A Positive Psychology Update. Bill O'Hanlon, p. 11.

Wilson, G. Brady, *Juice: release your company's intelligent energy through powerful conversations*, Bastian Books, 2006, p. 134.

À PROPOS DE L'AUTEURE

Photo : Véronique Tétreault

Depuis les 15 dernières années, Isabelle Fontaine a développé une expertise en *coaching* de gestion basée sur le développement de l'intelligence émotionnelle. Sa spécialité : **faire émerger le plein potentiel** d'un individu ou d'un groupe.

Elle agit maintenant comme **conférencière**, *coach* et consultante en développement organisationnel dans sa pratique privée, en plus d'enseigner à **l'Université du Québec À Montréal** (UQÀM) et à **l'École Polytechnique de Montréal**.

D'emblée, sa plus grande fascination dans la vie consiste à étudier et à mieux **comprendre les phénomènes humains**. C'est pourquoi, après un baccalauréat en psychosociologie de la communication et une maîtrise en communications organisationnelles, elle assiste régulièrement à des formations privées de pointe à travers le monde afin de découvrir les avancées quant aux technologies de l'esprit, au développement personnel et professionnel.

Sa mission dans la vie, c'est d'être en constante recherche et développement, à l'affût des dernières possibilités découvertes, pour ensuite vulgariser et adapter ces stratégies au marché du travail et au grand public. En somme, **son intention** la plus chère consiste à transmettre ces conseils et astuces à ses groupes afin qu'ils soient outillés pour contribuer encore plus passionnément à améliorer leur environnement, tout en étant plus libres, plus puissants, plus heureux.

Rester en contact avec l'auteure

Si vous avez envie de rester en contact avec Isabelle et suivre les développements, vous êtes invités à visiter son **site Web** et à **vous inscrire à son infolettre**. Vous serez alors avisés des formations et des conférences qu'elle offre près de chez vous. De plus, vous recevrez des suggestions de livres, des propositions de films et de chansons qui induisent des émotions très précises. Sur son site, vous pouvez voir un **extrait vidéo** de conférences où elle traite des sujets de ce livre.